◎北京市教育科学"十四五"规划2021年度一般课题（CIDB2
◎聚焦幼儿园"党团队工作一体化育人实践研究"经验成果

U0690809

幼儿园
传统文化下的
生命教育课程

关海燕 等 著

中国农业出版社
农村读物出版社
北 京

图书在版编目（CIP）数据

幼儿园传统文化下的生命教育课程/关海燕等著.
—北京：中国农业出版社，2022.12
ISBN 978-7-109-30687-5

Ⅰ.①幼…　Ⅱ.①关…　Ⅲ.①生命哲学-教学研究-
学前教育　Ⅳ.①G613.3

中国国家版本馆 CIP 数据核字（2023）第 081896 号

幼儿园传统文化下的生命教育课程
YOUERYUAN CHUANTONG WENHUA XIA DE SHENGMING JIAOYU KECHENG

中国农业出版社出版
地址：北京市朝阳区麦子店街 18 号楼
邮编：100125
责任编辑：孙利平　张　志
版式设计：杨　婧　责任校对：吴丽婷　责任印制：王　宏
印刷：北京中兴印刷有限公司
版次：2022 年 12 月第 1 版
印次：2022 年 12 月北京第 1 次印刷
发行：新华书店北京发行所
开本：700mm×1000mm　1/16
印张：15.5
字数：330 千字
定价：68.00 元

本书各章作者名单

第一章　关海燕　卜　敬

第二章　关海燕　卜　敬　刘千千　张　楠

第三章　关海燕　安惠欣　王明月　王晓青　王宇晴
　　　　夏艺珊　王　娇　等

第四章　关海燕　张　楠　焦　壮

第五章　关海燕　刘千千　李　磊

第六章　关海燕　马冠琦　季　星

第七章　关海燕　李　莹　王　茜　刘　博　郑丽圆
　　　　闫佳宁　付　佳　等

第八章　关海燕　李月明　徐　曼　薄　音　刘亚萍
　　　　王佩瑶　王明月　等

第九章　关海燕　许会妍　郭萌萌　刘　钰　蔡连兵
　　　　边雪莲　高　颖　等

第十章　关海燕　刘千千　徐　曼　刘　钰　薄　音

文化滋养生命，一日生活育人

　　北京市大兴区第九幼儿园始终聚焦教师专业水平的提升，关注生命教育的研究。2013 年 11 月，幼儿园通过了北京市一级一类园验收。2017 年 5 月，幼儿园又通过了北京市示范园验收，成为北京市大兴区教育质量突出、口碑优秀的园所。多年以来，幼儿园依据《幼儿园教育指导纲要（试行）》《3～6 岁儿童学习与发展指南》精神，深入开展游戏化综合语言课程探索与研究，有效促进了幼儿的自主发展。2020 年，幼儿园在语言教育特色的基础上，融合了中华优秀传统文化和民间游戏内容，使园本课程初见雏形。在"一日生活皆课程"的大课程理念指导下，我们看到了语言教育背后的生命教育价值，更看到了中华优秀传统文化资源中宝贵的生命教育内涵。因此，在 2021 年，幼儿园对园本课程《幼儿园传统文化下的生命教育课程》进行了更深入的探索，重新整合了园所文化体系、课程构架及课程体系，明确了办园目标和课程价值。

　　随着教育改革的不断深化，在倡导"立德树人"中回归教育本真，我们接触到了生命教育的理念："生命教育旨在帮助儿童认识生命、珍惜生命、敬畏生命、欣赏生命，提高生存技能和生命质量。"生命教育对幼儿主体性的尊重、对幼儿终身发展的重要价值等引发了教师诸多思考，对于转变教师教育观念、贯彻和落实"儿童本位"的教育理念具有重要意义。《中国学生发展核心素养》中也明确提出了"珍爱生命、健康生活"的核心素养。因此，开展生命教育有助于培养幼儿适应未来发展的核心素养。接着，在科研方面，我们聘请了专家为教师讲解生命教育内涵，引导教师将理论与实践相结合，逐步深入探索、研究幼儿生命教育的内涵等。

　　在形成课程体系之前，幼儿园最初与传统文化资源对接最密切的就是传统文化中的节日，我们会和孩子们一起了解每个节日的由来，如"五月五为什么是端午"的猜想；会以每个探究点确定一个微主题，如"冬储节"。活动前夕，孩子们提出了各种疑问"冬储储什么""住在楼房里，怎样让食物保鲜""立冬后，我们常吃什么食物"等，并进一步引发了一系列的讨论与猜想。孩子们借助绘本故事、网络搜索、请教家长、走进图书馆等方式寻找答案、解决问题，发现了冬储的神奇和有趣；他们还乐此不疲地参与到食物的保鲜行动中，尝试运用各种方式探究保鲜的方法。在这个过程中，我们注重儿童的主体性发展，以问题探究式开展系列特色节日活动。孩子们从第一天对冬储的好奇，到第五天的"我参与冬储行动"，始终沉浸在民俗文化中，通过多种感官的参与让幼儿深刻体验到了冬储的有趣。另外，我们在探究中华优秀传统文化的教育中注重体现生活化、游戏化的教育规律，依据幼儿不同阶段的身心发展特点，如关于传统文化中的文学作品，小班侧重通过生动而有趣的情景游戏，引导幼儿初步感受故事情节的有趣、歌谣的语言韵律之美；中、大班关注幼儿对文学作品的理解能力、表达能力和自主解决问题的能力等。我们会引导和鼓励幼儿在感受多元化的故事、诗歌等文学作品的基础上，自主选择自己喜欢的作品，进行创造性的表现、个性化的表达，表征自己对文学作品的理解，最终使幼儿在自主探究中获得了文学美的熏陶。

通过以上几个方面的尝试，首先，教师对传统文化有了更深入的认识，也在有意识地思考什么是生命教育？什么又是传统文化资源？它们之间又有哪些联系？传统文化资源中的生命教育有哪些内容？因此，我们通过教研、科研活动帮助教师形成了对生命教育的初步认知，突出其在幼儿生活活动、集体教学活动、户外活动及社会实践活动中的作用和教育价值，充分挖掘与利用传统文化资源，对幼儿实施生命教育。其次，确定生命教育的实施途径，引导教师关注幼儿一日生活中的生命教育价值，能抓住教育契机，引发教师思考，有效利用多元化途径实施生命教育课程，途径一是利用集体教学活动，结合传统节日、节气，组织幼儿了解传统文化、体验传统文化，提升社会生命的价值；途径二是利用游戏活动，开展室内、室外民间游戏的研究，提升幼儿自然生命的价值；途径三是利用生活活动，注重幼儿有关文明礼仪、待人接物、自我服务与服务他人、解决问题等方面的教育，提升自我与社会生命的价值；途径四是利用主题活动，引导幼儿深入感受传统文化与生命教育的内涵，提升自然生命的价值。我们结合各分园优势，选取课程实施途径，以研促思，以研促学，以探究主题活动下的生命教育课程为切入点，深入探究生命教育价值。将传统文化资源融入生命教育课程不仅形成课程文本，更是一种社会主义核心价值观的体现，将中华优秀传统文化下的神话传说、民间文学、唐诗宋词、蒙学典籍、民间艺术、民间游戏、非物质文化遗产传承、红色故事、节日节气等融入幼儿生活和游戏中，提升生命教育的价值。

我园的传统文化下生命教育课程建设是在园所"美雅文化"的引领下，通过课程实践自然产生的。生命教育课程关注幼儿生命的启蒙教育，尊重儿童的本真，实现生命教育的价值。经过多年的教育实践，我园的生命教育课程体系已基本成形。生命教育课程建设的顶层设计逐渐完善，在课程实践的基础上，以生活为中心的生命教育，形式涵盖多方面的体验，帮助幼儿逐步树立生命观、提升生命质量，在德、智、体、美、劳等方面得到全面发展，最终达到与他人、与社会、与自然和谐共处的目的。

在传统文化下生命教育课程实施过程中，我们发现教师对生命教育的认知还不够，视野也有些局限，体现在开展教育、教学活动时容易纠结活动是否属于生命教育范畴，关注幼儿探究的主动性不够，总是采用传统的教学方式，这种方式远远不能满足幼儿的发展需要。当前教育功利化趋势较为严重，人们对个体生命的漠视，对幼儿生命教育的认识和方法也很欠缺。因此，我们必须转变观念，深化认识；需要继续努力探索幼儿生命教育的原则和方法，全面培养教师的专业技能，提升教师的基本素质。

今后，我们将继续把生命教育作为一种理念来践行，使我园真正成为一所有传统、有故事、有温度的"美雅"幼儿园，从而促进幼儿身心健康发展、自主灵动、快乐成长，引导教师勤于思考、敢于创新、自主研究。

北京市大兴区第九幼儿园园长　关海燕

2022 年 7 月

目 录

文化滋养生命，一日生活育人

第三章　传统文化下生命教育课程之生活活动　/23

第四章　传统文化下生命教育课程之教学活动——小班　/55

第五章　传统文化下生命教育课程之教学活动——中班　/76

第七章 传统文化下生命教育课程之民间游戏 /107

第八章　传统文化下生命教育课程之主题活动　/155

第九章　传统文化下生命教育课程之环境创设　/197

第十章　传统文化下生命教育活动相关经验　/220

第一章 概 述

一、生命教育的基本概念

北京市大兴区第九幼儿园（以下简称大兴九幼）自创建以来，始终全面贯彻党的教育方针，坚持立德树人，依据《幼儿园工作规程》《幼儿园教育指导纲要（试行）》（以下简称《纲要》）和《3~6岁儿童学习与发展指南》（以下简称《指南》）的精神，明确落实《纲要》中指出的"幼儿园必须把保护幼儿的生命和促进幼儿的健康放在工作的首位"要求，从幼儿生命健康成长的需要出发，实施幼儿教育，为幼儿终身发展奠定基础。幼儿园以游戏为基本活动，积极开展教育实践探索，构建以传统文化资源为基础的生命教育课程，有效促进幼儿自主发展，继承中华民族传统的"美雅"素养，形成大兴九幼的生命教育课程体系。

（一）什么是生命教育

生命教育是关于人的生存、生活、生命与人生问题的教育。本课程中的生命教育从引导幼儿认识人的自然生命入手，进一步认识人的社会生命，帮助幼儿正确处理好自己与他人、与社会、与自然的关系，进一步引导幼儿通过丰富的精神生活来提高文化素养、提升道德品质、追求高尚的精神生命。简单而概括地讲，生命教育就是要帮助幼儿认识生命的意义、价值，正确看待生与死的关系，树立正确的生命观。

（二）为什么开展生命教育

这一问题其实就是对"为谁培养人、培养什么人、如何培养人"的思考。因为教育的本质是有目的、有计划地开展文化育人的活动，所以教育的本质就是文化育人，文化与生命之间、文化与育人之间都有着密不可分的关系，文化必须要用来育人。而教育的过程呢？是参与、提升、促进和改善个体生命发展的一个过程。因此，我们开展生命教育的过程，是提高儿童生命质量的过程，也是遵循教育根本规律的过程。八字育人观"培根铸魂，启智润心"告诉我们，从观念上要卓立于先进教育的坐标体系之上，这是我们教育者的根本使命，也是时代教育改革的先进性内涵。我们要借助生命教育用文化使儿童的生命发展更健康，用文化培植、铸造、启智人心。

（三）生命教育的独特价值有哪些

生命教育是依据生命的特征，遵循生命发展的原则，以儿童发展为根本目标，优化教育方式，唤醒儿童的生命意识，启迪儿童的精神世界，发展儿童的生命潜能，提高儿童的生命质量，关注儿童生命的整体和全面发展，使儿童成为充满生命活力、具有健康人格和鲜明个性、掌握创造智慧的人。南京的冯建军教授曾提出：教育关注人生的意义，教育学是培育人生、建构人生的人文之学，教育研究也必须走向人文关怀，关注个体的生命，关注教育的生活，只有这样的研究才是真正教育的研究。因此，他认为教育的本质在于对生命的关注。这一点也阐明了我们的教育和幼儿个体生命发展之间的关系，与生命教育价值相契合。

（四）生命教育与育人的关系

幼儿时期是文化认同的启蒙阶段。孩子们生活在什么样的文化环境，受到什么样的文化浸润，就会产生什么样的文化归属感。中华文化源远流长，博大精深，是讲人是什么、人从哪里来的、人为什么活着、应该怎样活着、怎样成为社会需要的人。我们开展生命教育活动始终遵循文化滋养生命的原则，注重培养儿童的民族认同感和文化理解力，在文化浸润中让生命得到完善。这也是我们要利用传统文化资源实施生命教育的根本。

生命教育的核心价值是把生命教育融入幼儿一日生活的教育，也是我们实施生命教育的线索，更是我们实施生命教育的核心理念。为此，幼儿的生活更充实、更丰富，更有利于生命的成长。

二、传统文化与生命教育的关系

（一）如何挖掘传统文化资源中生命教育的内容

1. 从传统美德中挖掘生命教育内容

（1）爱国主义教育：在开展"升旗"的主题实践活动中，培养幼儿爱祖国、爱家乡、爱同伴的情感，挖掘与爱国主义相关的生命教育内容。

（2）礼仪教育：在开展"我是礼仪小标兵"的实践活动中，挖掘与礼貌待人相关的生命教育内容。

2. 从传统节日、节气中挖掘生命教育内容

举例：

（1）惊蛰：在开展"寻找小蚂蚁"的实践活动中，挖掘"惊蛰"节气中万物复苏、生命生长变化的相关教育内容。

（2）芒种：在种植活动中，通过实践操作、观察记录、收获果实的系列活动，挖掘植物生长变化过程中的生命教育内容。

（3）国庆节：在节日活动中，通过"升旗仪式""故事表演""环境创设"等实践活动，挖掘传统节日中与生命教育有关的内容。

3. 从传统故事或绘本故事中挖掘生命教育内容

举例：

（1）从绘本故事《安的种子》中挖掘关于种植、生命的意义、情感等方面的生命教育内容。

（2）从绘本故事《我不知道我是谁》中挖掘关于自我认知方面的生命教育内容。

4. 从传统游戏中挖掘生命教育内容

游戏是幼儿一日生活中的基本活动。《纲要》中指出："幼儿园必须把保护幼儿的生命和促进幼儿的健康放在工作的首位。树立正确的健康观念，在重视幼儿身体健康的同时，要高度重视幼儿的心理健康。""开展丰富多彩的户外游戏和体育活动，培养幼儿参加体育活动的兴趣和习惯，增强体质，提高对环境的适应能力。"这些与生命教育相关的内容在传统游戏中都可以挖掘。

5. 从传统文化主题中挖掘生命教育内容

选择与传统文化相关的生命教育内容开展主题活动。例如："九九重阳节 浓浓祖孙情""我与水墨的故事""农耕的秘密"等。

因此，幼儿园建构传统文化下的生命教育课程，对幼儿实施生命教育，选择适宜幼儿发展需要的传统文化资源内容，结合幼儿身心发展的规律和特点，运用幼儿能够理解的方式，让幼儿在与自我、与他人、与社会、与自然建立和谐关系的过程中认识生命、尊重生命、珍爱生命，从而促进幼儿积极、主动、健康的成长（即发展生命）。

（二）传统文化资源下的生命教育核心价值是什么

传统文化资源所包含的健康养生、人文生活、自然生态及天文科学的内容，就是生命教育内涵"人与自己""人与他人""人与社会""人与自然"的一种映射，也就是说生命教育的本质就是一种全人教育，其核心价值是以尊重生命为初衷，以感知生命、探索生命、体验生命、生命实践为特色，与自然物候、节日节气、民俗家风等传统文化相结合，不仅感受四季更迭、自然变化，还探索与发现植物、动物、人的生长变化规律，体验自然馈赠给生命的温暖，经历感知生命、关注生命、照顾生命、感恩生命、欣赏生命、与生命互动的全过程，感受自然界生命之间和谐共处的美好。主要目标是引导幼儿从小认识生命，懂得尊重、珍惜生命，进而珍惜与保护生命共存的环境，养成良好的习惯，主动思考生命的意义，最终找到自己存在的价值与定位，为社会、国家作出贡献，造福更多平和的生命。

（三）如何将传统文化与生命教育相结合开展生命教育活动

中国陶行知研究会会长朱永新曾经说过："生命教育很重要，因为教育的本身是为生命而存在的。带领幼儿了解生命的长度、宽度和价值，也是我们教师的责任。"这些内容都与生命教育息息相关。

《关于实施中华优秀传统文化传承发展工程的意见》中指出："加强面向全体教师的中华文化教育培训，全面提升师资队伍水平。"将中华优秀传统文化融入幼儿园教师的业务培训、学习之中，是园所实施中华优秀传统文化教育的重要保障。

以上两个方面的重要内容，我们一个也不能丢。幼儿园利用科研学习、业务学习有效提升教师的文化知识素养，深入理解生命教育内容和中华传统文化资源的内容，将理论知识与内容内化于心，始终以《纲要》《指南》的精神与要求为本，结合幼儿年龄特点和学习特点，深入挖掘传统文化下生命教育的价值，设计并组织实施相关的教育、教学活动。

我们通过教研、科研活动帮助教师形成了对生命教育的初步认知，突出其在幼儿一日生活活动、集体教学活动、户外活动及社会实践活动中的作用和教育价值，充分挖掘与利用传统文化资源，对幼儿实施生命教育。同时，确定生命教育的实施途径，引导教师关注幼儿一日生活中的生命教育价值，能抓住教育契机，引发教师思考，有效利用多元化途径实施生命教育课程。

1. 途径一是利用集体教学活动

教师结合传统节日、节气，开展集体教学活动，组织幼儿了解文化、体验文化，提升社会生命的价值。

生命教育其实一直存在于幼儿园五大领域的教学活动中，只是在日常教学活动中没有更深入地引导幼儿对生命进行感受、体验、探索。我们在进行相关课题研究的过程中，发现了传统文化资源下的生命教育价值，从而进一步拓展、深入研究，形成了这套生命教育课程体系。内容包括传统儿歌、绘本，与节气变化相关的养生保健，民间工艺、茶艺等传统文化美学欣赏，了解节日的由来与习俗等，以幼儿的视角来发现生命、倾听生命、记录生命、扮演生命，每一个活动下都有相应的、与生命互动的过程，充分调动幼儿探索生命的积极性与主动性。

2. 途径二是利用游戏活动

通过开展室内、室外民间游戏的研究，提升自然生命的价值。我们尝试利用幼儿喜闻乐见的民间游戏形式，充分发挥其特点，帮助幼儿初步建立尊重和珍惜自己与他人生命的态度、提高自我保护的意识与能力，帮助幼儿在遇到困难时能勇敢的面对与积极的解决等。在民间游戏中，教师可以根据游戏目标、规则、玩法或内容，挖掘游戏中显性和隐性的生命教育价值，预设指导策略。在游戏设计方面，首先，引导幼儿对自己的体能有一定的认知和评价能力，即体能的认知与预判，选择难度适宜的游戏材料，进行游戏挑战。其次，民间游戏具有一定的难度，需要幼儿不受外部环境及他人的干扰，专注于自己的游戏，完成挑战，体验成功。在游戏过程中，教师密切关注幼儿状态，当幼儿出现畏难情绪时，及时引导，让他们以积极的心态面对困难与挑战并想办法解决，提高幼儿抗挫折的能力。最后，一些民间游戏为竞赛类游戏，幼儿能与同伴愉快地游戏，合作与分享，正确看待输赢，不因输赢产生过激的情绪和行为，正确表达、抒发自己的情绪，提高解决问题的能力，这些都是以实现认知生命、欣赏生命、尊重生命、爱惜生命、学会求知、学会做事、学会学习、学会共处为目的的游戏设计，体现出民间游戏对幼儿生命教育的价值。

3. 途径三是利用生活活动

通过生活活动对幼儿进行文明礼仪、待人接物、自我服务与服务他人、解决问题等方面的教育，提升"自己与社会"的生命价值。

4. 途径四是利用主题活动

通过主题活动引导幼儿深入感受传统文化与生命教育的内涵，提升自然生命的价值。

（1）幼儿感兴趣的事物。

幼儿感兴趣的事物，往往就在幼儿的日常生活中、游戏中、交往中。那些孩子们经常接触的事物，如小草长出来了、花儿开了、大青虫变成了蝴蝶等，都会引发他们的好奇心与关注，想要讨论与探索。当幼儿经过一番探寻之后，会非常愿意把获得的经验与同伴分享。这时，一个幼儿拥有前期经验的生命教育主题活动就初步形成了。相信教师们通过与幼儿接触都会发现，恐龙、名胜古迹、传统美食等事物往往被大班幼儿关注和喜爱，而各种动物、服装、传统玩具等会受到中班幼儿的青睐，小动物、食物、节日、娃娃家、过生日等事物和话题会被小班幼儿所喜爱。这些对于幼儿来说有生活经验、认知经验、操作经验的事物，都可以成为激发幼儿兴趣、共同探究的生命教育主题活动。

（2）教师的特长、爱好和文化积累。

教师作为幼儿成长过程中的重要人物，具有积极的影响力。教师个人的性格、品德、知识、能力常常能吸引幼儿，产生喜爱、向往甚至追随的意愿。一位热爱生活、喜欢学习的教师，其个人特长、爱好和文化积累就可以成为很好的生命教育主题活动资源。如教师喜欢游览名胜古迹，可以帮助幼儿开拓视野、了解历史、欣赏文化的精粹；教师热爱中国传统艺术（如建筑、绘画、雕塑等），可以给幼儿带来美的熏陶和启迪；教师喜欢传统文学，可以滋养幼儿心灵、积淀传统文化，了解民族习俗和知识，激发幼儿热爱祖国的情感。这些来自教师的重要文化资源会使生命教育主题活动更具综合性、开放性和多元性。

（3）节日、节气及重要活动。

重大事件、大型活动、节日和节气活动，这些在每个学期、每个学年都会开展的活动，可以成为幼儿生命教育主题活动资源，激发幼儿关注、参与、体验、探索、表达和创造。如，每年的春节、春分、清明节、中秋节、重阳节等中国传统节日或节气来临之际，教师可以充分利用相关的有趣习俗、传说典故和幼儿生活经验相联系，开展基于幼儿生活、融入传统文化元素的系列探寻活动，形成生命教育主题活动。

（4）季节。

一年之中四季更迭、万物生长。那些大自然随处可见的季节特征永远是幼儿喜爱谈论和关注的话题。幼儿园根据二十四节气的变化建构与生命教育有关的课程，可以把春种、夏长、秋收、冬藏作为永恒的主题活动。这样的主题活动自然地融入饲养动物、种植花草、收集自然物、观察与记录自然界中生命科学现象的内容。

（5）幼儿成长过程中的重要经历。

每个年龄段的幼儿都会经历、感知与体验身体生长的变化，也会自然地萌发对生命现象与过程的思考，发现生命的生长变化规律，实现"发现生命、感知生命、体验生命、珍惜生命"的生命教育发展目标，获得积极的自我认知。

（6）幼儿提出的有关生命的问题。

好奇、好问既是幼儿的年龄特点，也是幼儿关注周围、探索世界的一种表达方式。很多问题都具备形成兴趣、激发学习的基础，能被幼儿关注、聚焦，进而成为共同讨论与探索的话题，如古代生活与现代生活有哪些不同、为什么除夕要吃饺子等，这些话题本身就具备了促进幼儿多种学习方式和多元表达的特征。由幼儿提出的问题作为生命教育主题活动内容，容易激起幼儿的探究兴趣，开展起来会促进幼儿始终以主体角色投入活动中。

（7）幼儿成长发展中存在的问题。

生活中有一些共性问题具备生命探究、"做中学"、多种方式解决问题的价值，能激发幼儿发挥主观能动性去解决自己遇到的问题。教师如果敏锐地把握并重视幼儿提出的问题，重视共享经验和群策群力，就能很好地激发幼儿更多的能力，引发多种生命探究方式，实现共同学习的发展目标。

（8）突发事件。

很多突发事件并不是孤立存在的，事件的发生必然与自然、社会的发展变化有关。教师需要根据突发事件迅速判断其中有关生命教育的发展价值，以突发事件为主题，促使幼儿快速进入主题，幼儿探究生命活动的积极性也会比较高涨。师幼共同面对突发事件，寻找"生命是什么""为什么会这样""怎么做让生命更好"等问题的答案，借助突发事件中有关生命教育的价值，引发幼儿深入探究，开展相关的主题活动，逐渐演变为一次生命探秘之旅。

（9）幼儿园课题研究的内容与方向。

大兴九幼由于地域文化、历史传承、民族属性等特殊资源，具备得天独厚的主题活动来源，经过长期研究形成课题，需要通过教研转化为教育实践，再进行验证和推进。从课题研究中确定生命教育预期发展方向和目标，以此倒推，很容易让教师迅速通过环境烘托、话题引导、围绕具体事物的观察与讨论帮助幼儿进入学习场景，使幼儿有更充分的时间对生命进行体验与探索，获得丰富而扎实的生命认知经验。

（10）传统文学作品。

滋养幼儿心灵的传统文学作品、朗朗上口的诗歌、有趣的童话故事等是离幼儿最近的教育资源，也可以从中挖掘生命教育的内容。一本主题鲜明、有情节变化的绘本就像一个藏宝盒，吸引着幼儿一页页、一句句去琢磨、去想象，把思考带入画面，又从画面中读出不同的理解。如绘本《满园蔬菜成了精》，就是通过一首有趣的童谣，展现了菜园子里各种蔬菜趁着老农赶驴出门后无人看管的机会，个个成了精，展开了一场形象、生动的"战斗"，体现了生命的多样化与生机勃勃。幼儿通过阅读绘本发现不同蔬菜的外形特征与营养价值，懂得多吃蔬菜有益健康。好的儿童文学作品是教师开展生命教育主题活动的有利资源。

（11）幼儿园所在地区的特殊环境。

学前教育越来越重视幼儿家庭文化、幼儿园所在地区的文化历史资源，如北京四合院、皇城根、琉璃厂等，主题活动更加生活化、本土化，也更容易激发幼儿熟悉又亲近的情感，探寻生长环境中的美好，满足幼儿心灵空间、生命空间丰盈的需要。一个以儿童为本的生命教育主题活动是多么的温暖又有力量。

综上所述，生命教育主题活动的来源非常丰富，大多源于家庭、社会、自然、文化。在确定开展生命教育主题活动后会发现，生命教育理念都可以与生命教育活动的目的、意义相契合。也就是说，幼儿园的主题活动应遵循生命教育理念，在传统文化资源下找准依据，使主题活动设计得更科学、更合理、更有效。

5. 途径五是利用环境创设

通过环境创设引导幼儿感受、体验传统文化下的生命教育内涵，激发幼儿动手操作，亲身体验、了解生命的过程，感知与理解生命价值。

环境育人思想是中国传统文化育人的重要理念，从《孟母三迁》的故事到"蓬生麻中、不扶自直"的成语，无不强调环境对于人成长的重要性。这个理念源自孔子、孟子、荀子等中国古代思想家的论说并传承到现在，在幼儿教育中得到了很好的实践和验证。在幼儿园的班级里，常常可以看到教师创设富有激发生命教育作用的环境，可以为幼儿迅速找到游戏主题和探究事物建立支架。如果开展一个预设的生命教育主题活动，营造环境就更加重要，创设一个能引发和支持幼儿对生命主题产生好奇和深入探索的环境，就已经达到了事半功倍的效果，起到了环境育人的作用。

现阶段，我们正在结合各分园优势，选取课程实施途径，以研促思，以研促学，以探究主题活动下的生命教育课程为切入点，深入探究生命教育价值。传统文化资源融入生命教育课程不只停留在课程的活动案例中，更体现在幼儿的生活和游戏中。对幼儿进行生命教育，是我们义不容辞的责任。

（本章由关海燕、卜敬著）

第二章 传统文化下生命教育课程的设计与实施

一、传统文化下生命教育课程体系设计思路

幼儿园秉承"一日生活皆课程"的大课程理念，坚持"关注儿童发展需要、关注儿童成长环境、关注儿童生命质量"的原则，在积极实施《纲要》《指南》等文件精神与要求指导下国家课程体系的同时，注重挖掘园内、外教育资源，借助中华传统文化资源，以"尊重意愿、满足需要、基于经验、注重体验、传承文化、滋养生命"为目标，努力构建"传统文化下的生命教育课程"这一特色园本课程，实现"成为一所有传统、有故事、有温度的美雅幼儿园，幼儿身心健康、自主灵动、快乐成长，教师勤于思考、敢于创新、自主研究"的教育愿景。

二、传统文化下生命教育课程理念

多年来，我们在"有传统、有故事、有温度"的园所文化理念引领下，持续关注生命教育与幼儿之间的关系。教师将主要精力放在幼儿的日常生活、学习和游戏中，关注利用传统文化资源实施生命教育的途径，理解生命、呵护生命、关心生命，践行尊重儿童、理解儿童、研究儿童、支持儿童的教育理念。教师珍视幼儿的生命价值，认同有价值、有智慧、有能量的生命个体，即把生命教育融入幼儿的一日生活之中，这既是我们实施生命教育的线索，也是我们实施生命教育课程的核心理念与途径。具体地讲，传统文化下生命教育课程的理念体现在以下几个方面：

首先，生命教育的本质是一种爱的教育。生命教育要求我们珍视幼儿的生命价值，向他们学习，认同幼儿是有价值、有智慧、有能量的生命个体，需要我们去关注和理解幼儿，走进他们的内心世界，让每个孩子赋有个性的发展。

其次，生命教育是一种全人教育。我们每个人都是完整的、独一无二的生命个体。我们倡导的生命教育是关注幼儿全面发展的生命教育，是关注幼儿赋有个性发展的生命教育，是关注幼儿生命质量提升的教育。

第三，生命教育是整合教育。生命教育是以儿童为本位的教育，是幼儿在环境、互动、活动中表达出的态度和理念，是家、园、社对幼儿生命成长的全方位影响。因此，生命教育是融入幼儿一日生活中的全过程教育。只有科学实施保育和教育，促进幼儿体、智、德、美、劳各方面的协调发展，才能真正提升生命质量。

三、传统文化下生命教育课程框架

我们将生命教育中的纵向发展维度与横向内容维度相结合，进而延展、实施生命教育。

（一）纵向发展维度

纵向发展维度包括认知生命、欣赏生命、尊重生命、珍爱生命四个方面。这四个方面是相互作用的。

（二）横向内容维度

横向内容维度包括自然生命、社会生命、精神生命三个方面。这三个方面相互渗透、相互影响。

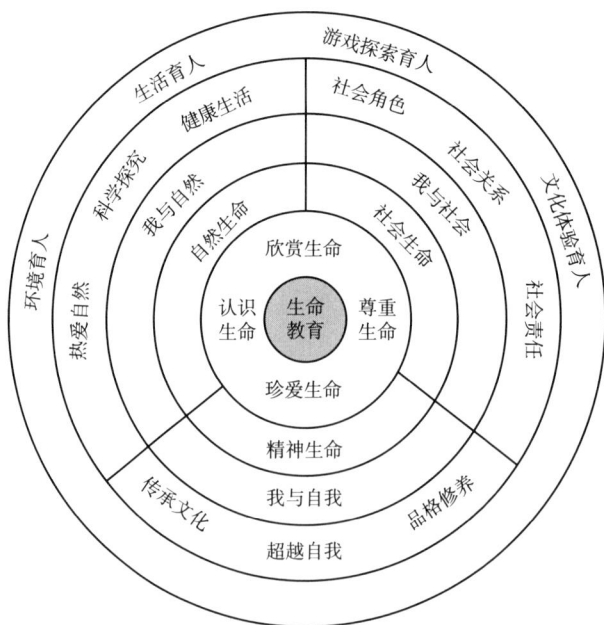

图 2-1

（三）生命教育树形图

传统文化下生命教育课程框架可以用树形图来呈现。

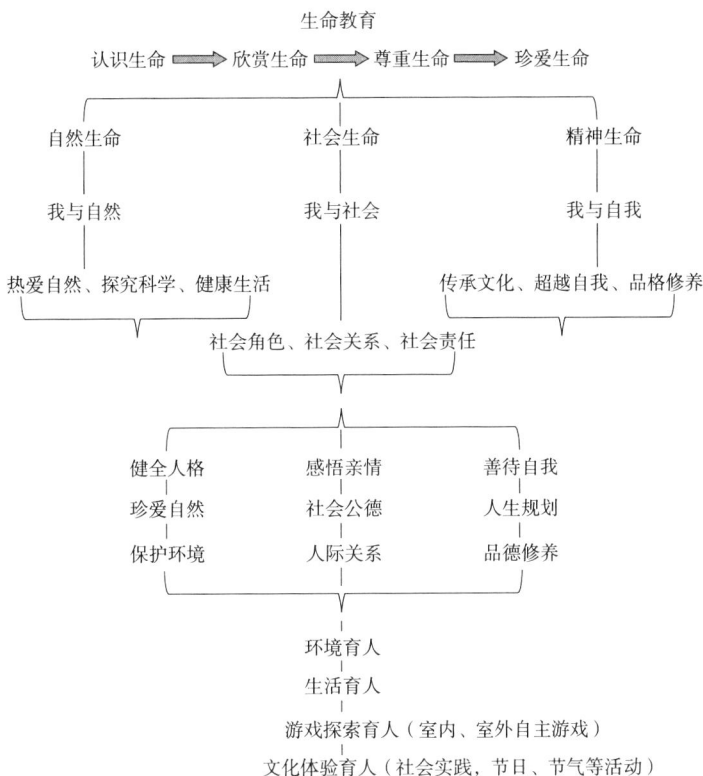

生命教育

认识生命 ➡ 欣赏生命 ➡ 尊重生命 ➡ 珍爱生命

自然生命	社会生命	精神生命
我与自然	我与社会	我与自我
热爱自然、探究科学、健康生活		传承文化、超越自我、品格修养

社会角色、社会关系、社会责任

健全人格	感悟亲情	善待自我
珍爱自然	社会公德	人生规划
保护环境	人际关系	品德修养

环境育人

生活育人

游戏探索育人（室内、室外自主游戏）

文化体验育人（社会实践，节日、节气等活动）

图 2-2

四、传统文化下生命教育课程目标

（一）总　目　标

　　传统文化下的生命教育课程是以生命为基点，遵循生命之道，借助生命资源唤醒和培养幼儿的生命意识、生命道德和生命智慧，引导幼儿追求生命价值、活出生命意义的活动。生命教育的目标是认识生命之真，践行生命之善，追求生命之美。具体来说，就是在传统文化教育的基础上以幼儿为本，尊重幼儿发展的主体性，通过一日生活中各个环节及各种资源（如教师资源、家长资源、社区资源、传统文化资源、环境资源等），让幼儿能够正确认识自己的身心发展，正确认识人与他人、人与社会、人与自然的相互关系，从而善待自己，尊重他人，爱护生命，敬畏生命，与他人、社会、自然和谐相处，这是幼儿和教师共同的目标。

（二）分解目标

传统文化下的生命教育课程以"自然生命、社会生命、精神生命"为内容维度，根据各年龄班幼儿特点和学习规律再进行目标分解，具体见下表。

维度	核心内容	各年龄班目标		
		小　　班	中　　班	大　　班
自然生命	健康生活	1. 身体健康，在集体生活中情绪比较安定、愉快 2. 在教师的帮助与引导下，逐渐形成良好的生活、卫生习惯，尝试掌握基本的生活自理能力 3. 在教师的提醒下，能注意安全，不做危险的事情 4. 喜欢参与体育活动，动作协调、灵活	1. 身体健康，在集体生活中经常保持安定、愉快的情绪 2. 在教师的提醒下，能养成良好的生活、卫生习惯，有基本的生活自理能力 3. 知道基本的安全、保健常识，学习保护自己 4. 喜欢参与体育活动，动作协调、灵活	1. 身体健康，在集体生活中情绪安定、愉快 2. 生活、卫生习惯良好，有基本的生活自理能力 3. 具备基本的安全、保健常识和自我保护能力 4. 喜欢参与体育活动，动作协调、灵活
	科学探究	1. 喜欢接触大自然，对周围的事物和现象感兴趣 2. 能用多种感官或动作去探索事物，发现其明显的特征或规律 3. 感知和发现生活中物体的形状是多种多样的，对不同的形状感兴趣	1. 喜欢接触新事物，经常问一些与新事物有关的问题 2. 能用比较恰当的方式表达、交流探索的过程和结果 3. 在教师的指导下，感知和体会生活中一些事物可以用数学来描述，对环境中各种数字的含义有进一步探究的兴趣	1. 对自己感兴趣的事物，能运用各种感官动手、动脑探究问题 2. 能用恰当的方式表达、交流探索的过程和结果 3. 能发现生活中许多问题都可以用数学的方式来解决，体验解决问题的乐趣
	热爱自然	1. 喜欢动、植物，关心周围环境，喜欢亲近大自然，有初步的环保意识 2. 认识常见的动、植物，能注意并发现周围的动、植物是多种多样的 3. 能感知和发现物体和材料的软硬、光滑和粗糙等特性 4. 能感知和体验天气对自己生活和活动的影响	1. 爱护动、植物，关心周围环境，亲近大自然，珍惜自然资源，有初步的环保意识 2. 能感知和发现动、植物的生长条件及其变化 3. 能感知和发现常见材料的溶解、导热等性质或用途 4. 能感知和发现不同季节的特点，探究季节对动、植物和人的影响	1. 爱护动、植物，关心周围环境，亲近大自然，珍惜自然资源，有初步的环保意识 2. 能发现并探究动、植物的外形特征、习性与生存环境的适宜关系 3. 能发现并探索常见的物理现象产生的条件或影响因素，如影子、物体沉浮等 4. 感知并了解季节变化的周期性，知道变化的顺序

维度	核心内容	各年龄班目标		
		小 班	中 班	大 班
社会生命	社会角色	1. 愿意和同伴一起游戏 2. 乐意与人交谈，讲话时自然、有礼貌 3. 在教师的引导下，知道自己的事情自己做，体验劳动的乐趣 4. 学会倾听对方讲话，愿意表达自己的需要和想法	1. 喜欢和同伴一起游戏，有经常一起玩的小伙伴 2. 积极与人交谈，讲话时自然、有礼貌 3. 在教师的提醒下，自己的事情自己做，有劳动的好习惯 4. 注意倾听对方讲话，能理解常用语言，并清楚地说出自己的事	1. 有自己的好朋友，也喜欢结交新朋友 2. 主动与人交谈，讲话时自然、有礼貌 3. 知道自己的事情自己做，有劳动的好习惯 4. 注意倾听对方讲话，能理解日常用语，并清楚、恰当地表达自己的想法和观点
	社会关系	1. 想加入同伴的游戏时，能友好地提出请求 2. 在教师的引导下，不争抢、不独霸玩具，发生冲突时尝试解决问题 3. 在教师的引导下，知道周围不同职业人们的劳动及与自己生活的关系，学会关心、尊重他人，有初步的社会责任感 4. 知道父母的职业，能用自己的方式表达爱，对家庭有归属感	1. 会运用介绍自己、交换玩具等简单技巧加入同伴的游戏 2. 对大家喜欢的东西能轮流分享，发生冲突时能和平解决 3. 知道周围不同职业人们的劳动及与自己生活的关系，懂得关心、尊重他人，有初步的社会责任感 4. 知道父母的职业，能体会到父母为养育自己所付出的辛劳，对家庭有归属感	1. 能想办法吸引同伴和自己一起游戏 2. 能与同伴分工合作，遇到困难克服，遇到冲突能协商解决 3. 主动了解周围不同职业人们的劳动及与自己生活的关系，懂得关心、尊重他人，有初步的社会责任感 4. 知道自己的成长与家人的关系，感激长辈对自己的养育之恩，对家庭有归属感
	社会责任	1. 能遵守日常生活中基本的社会行为准则 2. 爱父母及其他长辈、老师和同伴，爱集体、爱家乡、爱祖国 3. 愿意参与劳动，体会劳动的乐趣，懂得珍惜劳动成果 4. 知道自己是中国人，认识国旗，知道国歌	1. 理解并遵守日常生活中基本的社会行为准则 2. 爱父母及其他长辈、老师和同伴，爱集体、爱家乡、爱祖国 3. 积极参与劳动，体会劳动的辛苦，懂得珍惜劳动成果 4. 知道自己是中国人，认识国旗，会唱国歌	1. 理解并遵守日常生活中基本的社会行为准则 2. 爱父母及其他长辈、老师和同伴，爱集体、爱家乡、爱祖国 3. 主动参与劳动，体会劳动的辛苦，懂得珍惜劳动成果 4. 知道国家的重大成就，爱祖国，为自己是中国人感到自豪

（续）

维度	核心内容	各年龄班目标		
		小　班	中　班	大　班
精神生命	传承文化	1. 在教师的引导下，参与优秀传统文化的各项活动，体会文化之美，萌发对传统文化的热爱 2. 学习文化经典，传承中华传统美德 3. 在教师的引导下，在游戏和生活中感受传统的习俗、节日，对祖国的传统文化感兴趣 4. 在教师的引导下，了解民族文化、历史，萌生民族自豪感	1. 喜欢参与优秀传统文化的各项活动，体会文化之美，萌发对传统文化的热爱 2. 学习文化经典，传承中华传统美德 3. 在游戏和生活中探究传统的习俗、节日，对祖国的传统文化感兴趣 4. 积极了解民族的文化、历史，萌生民族自豪感	1. 主动参与优秀传统文化的各项活动，体会文化之美，萌发对传统文化的热爱 2. 学习文化经典，传承中华传统美德 3. 在游戏和生活中探究传统的习俗、节日，对祖国的传统文化感兴趣 4. 主动了解民族文化、历史，萌生民族自豪感
	超越自我	1. 能够感受生活、环境和艺术中的美 2. 尝试用自己喜欢的方式进行艺术表现 3. 在教师的引导下，在游戏中体验自主游戏的乐趣 4. 经常涂涂画画、蹦蹦跳跳、说说唱唱并乐在其中	1. 能够感受并喜爱生活、环境和艺术中的美 2. 愿意用自己喜欢的方式进行艺术表现，表达自己的情感和体验 3. 积极在游戏尝试探究经典游戏的创新玩法，体验自主游戏的乐趣 4. 经常用绘画、律动、语言、表演等多种方式表现与表达自己的所见、所闻、所想	1. 能够感受并喜爱生活、环境和艺术中的美 2. 能够大胆地用自己喜欢的方式进行艺术表现和创造，赋有个性地表达自己的情感和体验 3. 主动在游戏中与他人合作探究经典游戏的多种玩法，体验游戏的乐趣 4. 能用多种工具、材料或不同的表现手法表达自己的感受和想象
	品格修养	1. 愿意参与各项活动，有自信心 2. 在教师的引导下，能努力做力所能及的事，不怕困难 3. 在教师的引导下，对周围的事物、想象感兴趣，有好奇心和求知欲 4. 乐意与人交往，学会互助和分享，有同情心 5. 在教师的引导下，能感受到家庭生活的温暖，懂得感恩	1. 积极参与各项活动，有自信心 2. 能努力做力所能及的事，不怕困难，有初步的责任感 3. 对周围的事物、想象感兴趣，有好奇心和求知欲 4. 乐意与人交往，学会互助、合作和分享，有同情心 5. 能感受到家庭生活的温暖，学会感恩	1. 主动参与各项活动，有自信心 2. 能努力做好力所能及的事，不怕困难，有初步的责任感 3. 对周围的事物、想象感兴趣，有好奇心和求知欲 4. 乐意与人交往，学会互助、合作和分享，有同情心 5. 能感受到家庭生活的温暖，懂得感恩

附：各年龄班幼儿在五大领域中的表现特点

五大领域	小 班	中 班	大 班
健康领域	3～4岁幼儿身体的各个器官、系统处于不断发育的过程，其大脑皮层易兴奋，注意力易转移，行为容易受情绪的影响，生活自理能力较差。自我保护的意识和能力欠缺。肌肉力量和耐力较差。平衡、躲闪能力较差，动作不协调，身体易疲劳	4～5岁幼儿身体的各个器官、系统处于不断发育的过程，其大肌肉发育较为迅速，动作发展明显飞跃。肌肉力量和耐力、心肌收缩能力、肺活量有了一定的提高。生活自理能力逐步提高，自我保护的意识和能力逐渐增强。动作的稳定性和灵活性逐渐增强，其准确性和控制力较差	5～6岁幼儿身体的各个器官、系统处于不断发育的过程，其大脑的抑制过程逐渐加强，动作的目的性和自控能力逐渐提高。初步具备情绪的调节与控制能力。具备了自我保护的意识和能力。动作的协调性、灵活性、准确性有了很大的提高。具备了基本的生活自理能力，养成了一定的生活卫生习惯
语言领域	3～4岁幼儿由于神经系统发育还不完善，发音器官和听觉器官的调节、控制能力相对较差，因此，有些音发得还不够准确和清晰。幼儿已经能听懂日常生活用语，会向别人表达自己基本的想法和要求，只是语句不够完整，有时出现时断时续的现象	4～5岁幼儿基本上能够清楚地发出大部分语音，能够听懂日常生活中的一般句子和一段话的意思。他们掌握词汇的数量和种类迅速增加。在使用简单句的基础上，语言表达逐渐连贯起来	5～6岁幼儿能够清楚地发出母语的全部语音，并能听懂更多较复杂的句子，理解一段话的意思。能够掌握表示因果、转折、假设关系的连接词，掌握更多的词汇。能用语言描述事物发展的顺序，并且会有意识地组织句子
社会领域	3～4岁幼儿开始具有初步的对社会规则、行为规范的认识，能做简单的道德判断。喜欢与人交往，自我意识逐渐形成，其情感、行为的冲动性较强，自制力差。喜欢模仿	4～5岁幼儿的社会认知能力明显提高，懂得更多的社会规则、行为规范。能关心他人的情感反应，对人友好，助人行为明显增多。能尝试按照他人的要求调控自己的行为和情绪。喜欢模仿	5～6岁幼儿能形成良好的品德行为，与同伴积极交往，掌握基本的社会规则与行为规范，重视同伴对自己的评价，希望被他人接纳、认可。能有意识地控制自己的行为和情绪。喜欢模仿
科学领域	3～4岁幼儿对周围的世界愿意通过看、听、摸、尝等感知、操作获得体验，其行为的目的性相对较差，思维以直觉行动思维为主	4～5岁幼儿主要通过感知觉认识周围的世界，在操作、感知中积累认知经验，主要以具体形象思维为主	5～6岁幼儿能梳理、总结和迁移认知经验，初步理解事物之间的内在联系，发现浅显的规律。对数的感知能力提高，能理解量的相对性。主要以具体形象思维为主，抽象逻辑思维开始萌芽

（续）

五大领域	小 班	中 班	大 班
艺术领域	3～4岁幼儿具有热爱美好事物的天性和学习艺术的潜能。幼儿对有鲜明特点的节奏、音响和舞蹈感兴趣，但音不准，且音域较窄。美术创造能力处于"涂鸦期"，逐渐进入"象征期"，喜欢或希望自己能用简单的线条来表现事物	4～5岁幼儿具有热爱美好事物的天性和学习艺术的潜能。听觉分辨能力逐渐精细化，是听觉能力发展的关键期。美术创造能力逐渐进入"形象期"，能更有目的性地表现事物，喜欢听别人讲故事，喜欢形象鲜明的动画片等，喜欢在游戏中表演	5～6岁幼儿具有热爱美好事物的天性和学习艺术的潜能。音乐感受能力逐渐增强，其美术创造能力逐步提高，能认识到事物之间的简单联系，对事件、情节的表现能通过创作突出其特点。喜欢听别人讲故事，喜欢在游戏中再现和表演感兴趣的人物，表演时会加入自己的经验和想象

五、传统文化下生命教育课程设计的基本原则

（一）主体性原则

幼儿园生命教育的主体是富有无限生命力的幼儿，我们注重发挥幼儿自身学习的积极性、主动性，使幼儿在亲身体验、动手操作中获得生命认知。

（二）生活性原则

生命教育是融入幼儿一日生活中的教育，强调实际生活与生命教育相联系，选择幼儿常接触的、具有丰富生活经验的教育内容，促使幼儿逐步形成文明的生活方式，能够理解生命、欣赏生命。

（三）教育性原则

教学活动是幼儿在园一日活动中的重要组成部分。在教学活动中融入生命教育，能使幼儿潜移默化地加深对生命的认识，提高关注生命的热情。

（四）游戏性原则

游戏是幼儿最喜欢的活动。丰富的游戏活动使幼儿在亲身体验、互动交往中感知生命、理解生活、关心生命。

（五）人文性原则

传承文化、习得优良传统美德是生命教育的重要内容，通过了解传统文化能够增强幼儿的民族自豪感，更懂得尊重生命；在体验民俗活动的过程中，可以拓展幼儿的生活方式，懂得热爱生活、美化生活环境；在营造文化氛围的过程中，能增加幼儿的文化体验感，感受生命教育的多姿多彩，增强文化自信。

六、传统文化下生命教育课程内容

生命教育的内涵涵盖了认识生命、保护生命、珍爱生命、欣赏生命、探索生命的意义、实现生命价值的活动，通过有目的、有计划、有组织地开展这些活动，对幼儿进行生命意识熏陶、生存能力培养和生命价值升华，最终使其生命价值得以充分展现，其核心是珍惜生命、注重生命质量、凸显生命价值。

传统文化下生命教育课程主要包括以下三个方面的内容：

（一）人与自我的关系

人的生命需要经历从"本我"到"超我"的飞跃。这就需要我们正确地认识生命的"自我"，积极地了解、认可、欣赏、发现"自我"的无限可能性，正确塑造生命的"自我"，珍爱"自我"，形成良好的个人品质。

（二）人与社会的关系

理解"人是一个载体，承载着生命和灵魂"以及他人的存在对自己生命的意义和价值，学会尊重他人，关怀他人，具有宽容的意识，尊重人与人之间的差异，创造一个和谐的人际交往环境。作为一个社会性的存在，个体生命首先要社会化，适应社会的要求，学会处理个人与社群、集体的关系，既要维护个人的正当权益、自由，又要维护公共的道德和集体的礼仪、规范，树立人文关怀和正义感。

（三）人与自然的关系

一方面是认识自我生命的意义和价值，珍爱自己的生命，能够进行自我心理和情绪的调节，规划人生的发展，开发生命的潜能，不断地超越自我、实现自我。另一方面是与自然的关系，大自然是人赖以生存的环境，尊重生物的多样性，珍惜周围的自然环境，保持自然生态平衡，追求可持续发展，创造一种天人合一的境界。

生命教育课程的具体活动内容包括：环境育人、生活育人、游戏探索育人、文化体验育人等。

七、传统文化下生命教育课程实施

生命教育课程的实现，不是幼儿单一的生命认知，教师在研究中也扮演着一个非常重要的角色，是在幼儿与自然、与他人、与社会的互动过程中，了解儿童、理解儿童、研究儿童和支持儿童，使幼儿在与自然对接时，通过观察、探究了解和感受生命的存在，借助生命的智慧实现理解生命的过程；通过对生命的理解及爱的教育去体验、探究生命的神奇，实现欣赏和尊重生命；通过欣赏和尊重生命及全人教育去探究生命的价值与意义，最终实现珍爱生命的过程。幼儿园的生命教育课程真正的落脚点在幼儿一日生活之中，旨在用文化滋养生命。

（一）环境育人

育人环境包括愉快而和谐的学习环境、丰富多彩的活动环境、优化和美化的育人环境（园所氛围和环境）、融洽而和谐的人际环境等。

举例：种植园、童趣书廊、门厅美雅故事盒、班级主题墙饰等园所环境展现出生命的气息。

（二）生活育人

生活活动包括日常生活的生活方式、文明礼仪、自我服务等。其中，文明礼仪活动是指生活习惯养成系列活动、文明礼仪教育系列活动等。

举例：迎宾小宝贝、晨间劳动、自主进餐等活动，可以使幼儿获得生存能力，形成优良的传统美德。

（三）文化体验育人

文化体验活动包括节日和节气活动、纪念日活动、社会实践活动等。这些活动以主题活动的形式呈现。主题活动是在集体活动中，以一个主题为线索，进行活动与交流。时间、季节、节日以及孩子们感兴趣的话题等，都可以成为主题活动的内容。

节气育人主要是在传统文化资源下渗透生命教育的主题，达到探究生命价值、理解生命意义的目的。实施内容主要包括：节气时间规律、自然变化、农耕种植、气候变化、民俗特点、民俗饮食、民俗习惯、民俗谚语、经典故事、民俗艺术等。

节日育人主要通过"家、园、社"通力合作，让生活充满仪式感，达到用文化浸润生命的过程。实施内容主要以"四个育人"为主，实现文化自信。

纪念日育人主要以铭记历史、传统文化为主题，继承民族精神，弘扬民族文化。实施内容主要通过"四步法"进行，使幼儿在了解、体验、传播、传承中增强民族自豪感，获得生命力量。

举例：就是将传统文化资源渗透在生命教育的主题活动中，达到探究生命价值的目的、理解生命的意义。

✿ 案例

冬储日之保鲜记

小菜园的胡萝卜要丰收了，每次孩子们从种植区路过时，都会好奇地问："老师，胡萝卜长大了吗？可以拔了吗？"不难看出，孩子们非常期待拔萝卜的活动。在园本课程《幼儿园传统文化下的生命教育课程》的教研背景下，我们进行了此次有趣的主题活动。

终于，在立冬节气前夕，孩子们如愿以偿地参与到"丰收胡萝卜"的活动中。孩子们都积极参与拔萝卜。他们使出浑身的力气去拔萝卜，有的幼儿甚至还总结了一些经验：不一定萝卜秧长得高，萝卜就长得大。孩子们开心地拔着萝卜，激动得比较着谁的胡萝卜大、谁的胡萝卜长，每个人都期待着自己能够拔出那个"胡萝卜之王"。一个个的胡萝卜很快就堆成了一座座"小山"，每个人都如获至宝地拿着胡萝卜。

新的问题又产生了："这么多胡萝卜，吃不完怎么办？"《幼儿园入学准备教育指导要点》中生活准备目标一："帮助幼儿养成良好的饮食习惯。帮助幼儿了解食物的营养价值，引导他们不偏食、不挑食，多喝白开水，喜欢吃瓜果、蔬菜等新鲜食品。"我们抓住这一目标，利用过渡环节以"胡萝卜去哪儿"为主题展开了激烈的讨论。婧婧说："我们可以送给中、大班的哥哥、姐姐们。"雨涵说："可以每个人都（把胡萝卜）带回家，让爸爸、妈妈炒着吃。"思齐说："可以给厨房的阿姨送去，让她们给我们做菜吃。"晟熙说："小兔子爱吃胡萝卜，我们可以去喂兔子。"于是，我继续追问："小兔子有太多的胡萝卜，吃不完怎么办？"有的幼儿回答："放冰箱里。"我问："还有其他的办法吗？如果小兔子吃腻了胡萝卜，怎么办？怎么样才能吃到新鲜的胡萝卜和蔬菜呢？"

我们结合相关的教育建议"和幼儿一起发现并分享周围新奇、有趣的事物或现象，一起寻找问题的答案"，提出了一系列的问题："如果小兔子吃腻了胡萝卜，怎么办？""怎么样才能吃到新鲜的胡萝卜和蔬菜呢？"由此巧妙地引出了"蔬菜保鲜"的话题，伴随着问题的产生，也引发了孩子们的讨论与猜想。

由于小班幼儿需要提升相关生活经验，我们决定利用一日生活的各个环节想出了各种获取经验的途径，比如，绘本故事、网络搜索、请教老师等多种方式，引导幼儿去探寻答案。在探寻的过程中，孩子们发现了各种既神奇又有趣的保鲜方法。

冰箱保鲜法：冰箱是我们生活中常见的家用电器，分为冷冻和冷藏。在寻找蔬菜的保鲜方法中，大家都想到了可以把蔬菜放进冰箱里。结合幼儿实际生活经验，冰箱保鲜法也是我们讨论中提及次数最多的一种方法。有的家长在蔬菜保鲜方法中，还神奇地利用报纸留住蔬菜的水分。叶菜类通常无法久放，如果直接放入冰箱内冷藏，很快就会变黄，叶片也会湿湿的、烂烂的。保存此类蔬菜时，最关键的就是要留住水分，同时又要避免叶片腐烂。最简单的方法是利用旧报纸，先给叶片喷点儿水，再用报纸包起来，以直立的形式，根茎朝下地放入冰箱的冷藏室，就可以有效地延长其保存时间，留住新鲜。

保鲜袋保鲜法：叶类的蔬菜可以用保鲜袋装起来，在里面洒点儿水，保证蔬菜的表面有水，然后根部朝下地放进冰箱冷藏。吃的时候，可以先将根部泡入冷水，叶片就会神奇地恢复原来的鲜嫩与挺拔。

网兜保鲜法：大蒜属于香辛类蔬菜，包括葱、姜、辣椒等大多为调味品，保存时最好能保持原貌。而大蒜的保存方式与洋葱类似，可以放入网兜里，吊挂在室内阴凉、通风的地方，大约可以保存 1~2 个月。保存土豆时，除了要注意温度外，还要注意保持土豆的干燥，以防霉烂。

就这样，孩子们乐此不疲地参与到食物保鲜行动中。在活动中，我们注重幼儿的主体性，以生活中幼儿感兴趣的点为线索，通过追问、探究的方式"解锁"本次特色"冬储日"活动。从期待胡萝卜的丰收，到胡萝卜的处理方法，再到积极参与、探寻蔬菜保鲜方法的行动，在既有趣又好玩儿的民俗文化——冬储活动中，引导幼儿运用多种感官参与，由浅入深地理解与体验一系列的冬储活动，也让孩子们学会了蔬菜保鲜的方法，提升了生活质量。

（四）游戏探索育人

游戏探索育人主要以民间游戏为主，包括室内、室外自主游戏。例如：摔方宝、跳房子、滚铁环、跳竹竿舞等，教师带领幼儿在回顾这些经典游戏传统玩法的基础上，引导幼儿不断创新玩法，开发生命的潜能。

✳ **案例**

摔 方 宝

民间游戏是从古至今、世世代代流传下来的经典游戏。民间游戏不仅简单易学，趣味性强，还能让幼儿在玩的过程中了解和传承民族文化，培养民族情感，促进幼儿身心各方面的发展。当我把方宝拿出来给小朋友们看的时候，他们都说不认识。于是，我向他们介绍了方宝的制作方法和玩法。游戏的规则很简单，两人一组，用猜拳的方法确定输赢。输的人先把自己的方宝放在地上，赢的人拿着自己的方宝往地上摔，要摔到对手方宝上面或旁边，目的是借助风力或敲击的力量将对方的方宝弄翻个儿。如果方宝翻个儿了，那么这个方宝就归自己了；如果不能翻个儿，则对方开始拍自己落在地上的方宝。大家都目不转睛地看着，非常感兴趣。于是，我们决定探索摔方宝的游戏。

第一次，大家都觉得用彩色卡纸来制作方宝比较好，孩子们还在方宝上面画了漂亮的图案，写上了名字。方宝做好后，小朋友们就两人一组地玩了起来。但是，在玩游戏的过程中，孩子们发现彩色卡纸制作的方宝根本翻不了面儿。于是，我们进行了讨论，油油说："因为方宝太轻、太薄了。"浩浩说："用硬纸板来做吧！"坤坤说："太硬了，没法折。"子澳说："用布做。"夏天说："不行，太软了，得用有点儿硬的纸来做。"孩子们积极思考，决定回家后和家长一起制作结实、有厚度的方宝。

第二天，孩子们带着方宝来到了幼儿园。每个人都兴奋地展示着自己做的方宝。吃完早饭后，孩子们就在班里自由地玩了起来。但是，大家发现方宝还是翻不过去。浩浩认为，是因为地面太平滑了，方宝与地面之间没有缝隙，所以方宝翻不过去。这句话瞬间开启了孩子们的思维，有的说得在土地上玩儿，有的说得在台阶上玩儿，有的说得在草地上玩儿……因此，我们决定去户外试试。终于，比赛开始了，孩子们两两一组，赢了的人再接着比。最终，珺珺获得了冠军、小胡获得了亚军、晴晴获得了季军。大家发现珺珺和小胡的方宝又大又沉，而晴晴的方宝虽然没有那么大，但是里面装了很多的硬纸，而且外面又用胶带裹了好几层，所以特别结实。大家纷纷表示还要重新制作方宝，再练练自己摔方宝的准确度。下周，再进行一次摔方宝大赛。

在这个游戏中，孩子们不仅体会到了传统游戏的乐趣，提高了手眼的协调能力，还提高了逻辑思维和解决问题的能力。通过"摔方宝"的游戏能够感受到孩子们对于传统游戏的喜爱。接下来，我会继续给孩子们介绍我们小时候玩的游戏，如拍洋画儿、翻绳、抓羊拐等，让孩子们的童年更加丰富多彩。

八、传统文化下生命教育课程管理

（一）园长负责制

园长作为课程管理的第一责任人。在课程建设中，其核心任务在于提升本园的整体课程品质。幼儿园尝试抓住课程管理的要点，层层管理，建立起以园长为核心的课程领导运行机制。

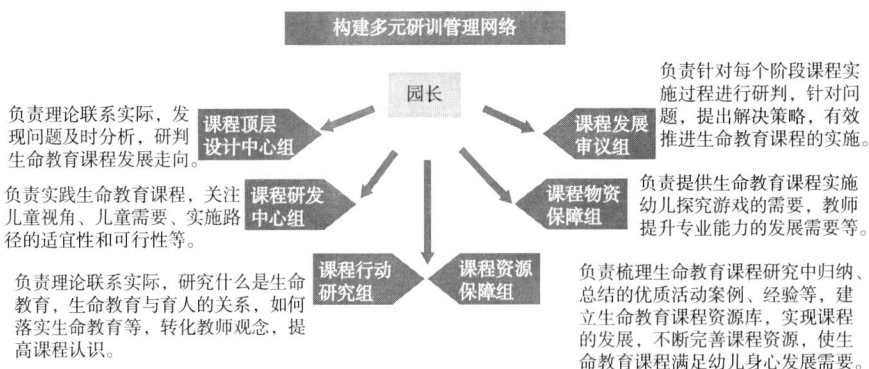

图 2-3

全体教师参与，将工作细化到各项活动中。园长和核心组成员坚持参与各个班级教师的"每日 5 分钟碰头会"，以便及时了解情况，帮助教师解决实践问题，提升实践能力。对活动质量的评价逐步构建了以"幼儿发展和保教人员的理念和实践转变"为主要评价标准体系，以园内评价与相关专家评价相结合、他评与自评相结合的方式，全面把握保教人员课程实践情况，作为完善课程实施方案的基础，并成为下一阶段实践中重点解决的关键问题。

（二）建立课程管理运行机制

幼儿园成立课程改革领导小组，由园长、业务园长、教研组长等人员组成，园长任组长。领导小组主要负责幼儿园课程方案的制订、实施、反馈、调整、评价等。领导小组下设课程研究组，由业务园长、保教主任、科研室主任等人员组成，业务园长任组长。课程研究组主要负责课程实施的研究、课程内容的拓展、教师培训等。

（三）构建多元研训管理网络

1. 开展多元的园本教研

各教研组在课程研究组的指导下，组建幼儿园课程实施中心组，由教研组长任组长，班组长与骨干教师为组员，开展每周一次以上参与式研讨与集体备课活动，进行班级情况交流、课程活动案例分析、观察方法与记录的研究等，以保证课程全面、深入实施，有效实施园本培训。

2. 借助资源进行培训

通过选送教师外出学习、拜师学习、邀请专家来园讲座等形式，不断更新教师生命教育理念，提高教师创造性实施生命教育课程的能力。

（本章由关海燕、卜敬、刘千千、张楠著）

第三章 传统文化下生命教育课程之生活活动

一、小　　班

（一）生活活动：卖水记

活动目标

了解喝水对身体健康的重要性，愿意主动喝白开水，养成随渴随喝的好习惯。

活动场景

午睡起床后间点环节。

活动过程

1. 教师准备一个水壶，壶身可以提前贴一些水果贴纸进行装饰，以便吸引幼儿的注意力。

2. 鼓励幼儿观察水壶上有什么，如苹果、梨、西瓜等水果贴纸。

3. 和幼儿玩"卖水"的游戏。教师拎着水壶，说："卖水喽！卖水喽！谁要买我的水呀？"允许幼儿用自己喜欢的方式表达想要买水的愿望，如用语言表达或用手势表示。教师倒水时，应当根据幼儿喝水的实际情况倒入适量的水，如可以先倒幼儿水杯的一半或者三分之一，待幼儿喝完后再倒，让幼儿少量、多次地轻松喝水。

4. 为了更加吸引幼儿及增加喝水的趣味性，教师可以与幼儿玩假想游戏，如卖苹果水、卖梨水、卖西瓜水等。

5. 引导幼儿关注喝水能让身体更健康。

教师：自然角的小植物喝水之后长得又高、又壮。因此，喝水也会让我们更健康，不上火，不生病。

6. 在日常生活中，教师可以通过引导幼儿观察自己尿液的颜色来判断自己的喝水情况和身体健康状况，如健康的尿液是淡黄色的；如果尿液颜色是深黄色的，证明自己上火了，要多喝水；如果尿液没有颜色，可能是喝水喝多了，引导幼儿知道适量饮水的重要性。

图 3-1

图 3-2

图 3-3

图 3-4

（二）生活活动：留住小水滴

活动目标

1. 感知水与生活息息相关。

2. 初步建立节约用水、不浪费水的意识。

3. 尝试想出各种节约用水的方法。

活动场景

活动室。

活动过程

1. 幼儿有过节约用水的经历。

2. 准备哭声音频、一盆干枯的花、班内幼儿洗手视频。

3. 师幼共同寻找哭声（播放音频），发现是干枯的花在哭，引导幼儿想想为什么花儿哭了。

教师：听，这是什么声音？是谁哭了呀？我们一起看看，它怎么了？

4. 教师：小朋友们，请你们帮帮这盆花，想个办法，不让花哭了（目的在于引导本班幼儿发现水龙头没有水了）。

5. 教师引导并启发幼儿：想一想，为什么水龙头会没有水了？是不是流干了呢？

6. 小水滴告诉保育教师的话。

主班教师问保育教师：您知道为什么没有水了吗？

保育教师：哦，关于这件事呀！早晨来园时，我听见小水滴说决定离开小二班，因为小二班的小朋友太不珍惜我们了，总是想用多少水，就用多少，所以，我们决定离开小二班！

7. 思考水的重要性。

教师：如果小水滴真的要离开我们，咱们班没有水，会怎么样呢？请小朋友们回答。

8. 小水滴的忠告。

教师：我知道咱们班里还有一滴小水滴没有走，它想在走之前先和小朋友们说说悄悄话。

播放班内幼儿洗手视频，引导幼儿观看。

9. 想办法节约用水。

教师：现在，小水滴要走了。让我们一起想一想，怎样才能留住小水滴呢？

教师启发幼儿想办法，怎么做才能节约用水，再询问班里的其他两位教师是怎样节约用水的。

图 3-5

图 3-6

（三）生活活动：小菜园丰收记

活动目标

1. 了解菠菜、茄子、西红柿、黄瓜等农作物的生长特点和生长环境，感知植物的生长变化。

2. 通过参与劳动感受农民伯伯劳动的辛苦和收获的快乐。

小菜园。

活动过程

1. 活动前，带领幼儿参观小菜园，了解小菜园内的农作物种类及其生长过程、变化特点。

2. 在前往小菜园的路上，引导幼儿欣赏沿途的风景，激发幼儿热爱大自然的情感。

3. 教师介绍成熟待采摘的农作物及其特点，讲讲劳动时的注意事项。

4. 请幼儿自愿分组，每个小组由一名教师带领，进行采摘活动。

注意引导所有幼儿都参与采摘、整理活动，让每个幼儿都能体验到劳动的辛苦和收获的开心。

5. 回班后，请幼儿分类整理采摘的果实，大家共同体验收获的喜悦。

6. 用相机记录秋季采摘活动过程中的精彩画面，循环播放照片，让幼儿欣赏、感受和回忆秋收的喜悦和快乐。

图 3-7   图 3-8

（四）生活活动：我是小小值日生

活动目标

1. 了解值日生应该做哪些事情。

2. 能够学会擦桌子、拉小椅子、挽袖子等，尝试做一些力所能及的事情。

3. 乐意为集体服务，感受为大家服务是一件快乐的事。

活动场景

幼儿午饭前。

活动过程

1. 引导幼儿认真观看教师提供的哥哥、姐姐们做值日的照片，说一说他们在做什么，引导幼儿了解哥哥、姐姐们所做的事情是属于值日生做的事情。

2. 引导幼儿说一说值日生在饭前可以做哪些事情，让幼儿知道当值日生是爱劳动、爱集体的表现。

3. 鼓励幼儿尝试做一些力所能及的事情，如试试在教师完成消毒工作后帮助其他小朋友把小椅子拉出来；在小朋友们洗完手后"锁住"小手（双手十指交叉，举在胸前）；出盥洗室前，尝试帮其他小朋友将挽着的袖子放下来并整理好等。

4. 引导幼儿为值日生的行为鼓掌，让他感到做值日生是一件光荣的事情。

5. 引导幼儿说一说做完值日后得到教师和小朋友们的感谢后，心情怎么样。

小结：班里很多事情都要靠小朋友们自己来完成，能够为班级做事情、为大家服务、把值日做好是件很了不起的事情。做值日得到小朋友们的感谢及肯定也是能让自己快乐的事情。

图 3-9

图 3-10

图 3-11

（五）生活活动：蜗牛的生活

活动目标

1. 了解蜗牛的生长环境和生活习性。

2. 通过日常生活中对蜗牛的观察和探索，感知生命的神奇，敬畏生命。

活动场景

幼儿园户外场地（晴天和雨后）、植物角。

活动过程

1. 日常生活中，选择一个雨后天晴的日子，引导幼儿到户外树木下、草丛中寻找蜗牛，激发幼儿探索蜗牛的兴趣。

2. 在探索活动中，引导幼儿认真、仔细地寻找，用眼睛细致观察蜗牛，不要捕捉、干扰蜗牛的行动。

3. 到雨后户外场地，引导幼儿再次寻找蜗牛。

教师：小朋友们，今天的蜗牛有什么变化呢？请小朋友们大胆发言。

4. 教师小结：蜗牛喜欢阴暗、潮湿的地方。雨后，蜗牛会出来找吃的。小蜗牛为了长大，也很努力。

5. 为了让幼儿更好地观察和探索蜗牛，可以和一只蜗牛"做朋友"，把它养在班级植物角（避光、湿润的地方），便于幼儿对蜗牛的饮食和生活习性有更多的认识。

图 3-12

图 3-13

图 3-14

（六）生活活动：爱流血的小鼻子

活动目标

1. 了解鼻子流血的原因及不上火的方法。
2. 初步了解惊蛰节气特点及简单的节气习俗。

活动场景

过渡环节。

活动过程

1. 班里有个幼儿出现流鼻血的情况，教师利用过渡环节开展谈话活动。
2. 教师抛出问题，引发幼儿思考。

教师：今天，有个小朋友流鼻血了，你们知道是什么原因吗？

3. 教师鼓励幼儿结合生活经验大胆表达自己的想法。

教师：嗯，小朋友们说了这么多原因，比如天气太热了、上火、鼻炎、抠鼻子等，那你们知道为什么会上火吗？怎么做才能不上火呢？

通过教师提问，引导幼儿发现生活中的一些不良做法会导致流鼻血，讨论并帮助幼儿梳理不上火的方法。

4. 教师结合即将到来的惊蛰节气，引导幼儿了解惊蛰节气天气变化和饮食习俗（惊蛰节气万物复苏，乍暖还寒，气候比较干燥，很容易使人口干舌燥、感冒、咳嗽、流鼻血。因此，民间素有惊蛰吃梨的习俗），激发幼儿对梨的兴趣。

5. 结合家园共育，鼓励幼儿和家长一起买梨、认识不同种类的梨、制作梨的各种美食、品尝梨和用梨做的美食，感受梨的美味，同时，录制小视频，讲一讲自己的感受。

图 3-15   图 3-16

二、中　班

（一）生活活动：与大蒜邂逅一场生命之旅

活动目标

1. 通过探寻大蒜的生命历程，从种植、照顾、测量、观察、记录、收获、制作到品尝，引导幼儿了解植物生长的过程。

2. 引导幼儿直接感知、实践操作、亲身体验，通过与大蒜的互动，获得种植经验，体验活动过程的乐趣，培养幼儿热爱大自然、热爱生命的情感。

3. 通过制作蒜苗炒鸡蛋和腊八蒜，引导幼儿了解中国传统文化中的美食文化和节日文化，培养幼儿的民族自信心，激发幼儿热爱中国传统文化的情感。

活动场景

观赏区、植物角。

活动过程

1. 幼儿将从家里带来的大蒜放在观赏区，观察大蒜每日的变化。两周后，大蒜开始发芽，引导幼儿将发芽的大蒜种到植物角，并给自己的大蒜做上标记，以便观察、记录。

2. 组织幼儿每天早餐后，去植物角观察自己的大蒜，把观察到的变化用绘画的方式记录在《大蒜成长记录册》里，或者请教师把自己的观察用文字记录下来。

3. 幼儿观察到大蒜长高了，引导幼儿使用多种自然测量工具对大蒜的高度进行测量，比如，用美工区的毛根、吸管、彩色笔、冰棍棍儿、竹签等材料进行测量。

4. 引导幼儿思考：为什么有的大蒜长得高、有的长得矮呢？通过探寻问题的答案，了解大蒜生长所需的生长条件（土、水、阳光、空气等），以及从种植到成熟的过程，感知生命的生长变化。

5. 引导幼儿闻一闻、剥一剥大蒜，把自己剥大蒜的经验分享给其他幼儿。

6. 启发幼儿思考：长高了的蒜苗怎么办呢？引导幼儿剪蒜苗，整理蒜苗，洗蒜苗，制作美食——蒜苗炒鸡蛋、蒜苗鸡蛋摊饼、蒜苗鸡蛋羹，让幼儿在了解和制作中国传统美食的过程中，更加喜爱大蒜。

7. 启发幼儿思考：大蒜还可以做什么呢？引导幼儿尝试制作腊八蒜，了解中国传统节日腊八节的来历和相关习俗。

图 3-17

图 3-18

图 3-19

图 3-20

（二）生活活动：芹菜种植记

活动目标

在种植芹菜的过程中，能够自己动手、动脑解决问题，体会到食物来之不易，从而养成不挑食、不浪费食物的好习惯。

活动场景

小菜园。

活动过程

1. 开学初，我们在小菜园里种下了芹菜的种子，但是半个月过去了，也没有发芽。眼看着别的班的菜都长出来了，孩子们特别着急，一起讨论着："为什么芹菜种子还没有发芽呢?"峻峻说："因为没浇水、没施肥。"馨馨说："因为虫子把芹菜都给吃光了。"美宝说："因为芹菜长得慢。"……大家讨论得非常激烈，这说明幼儿对植物的生长条件有一定的认知。接下来，大家又商量出了四个解决方法：每天给芹菜浇水、给芹菜施肥、每天去拔草和捡石头、记录芹菜的生长，并分成四组去照顾芹菜。

2. 之后每天的户外活动时间，大家都会到小菜园去照顾芹菜，按时拔草、浇水、施肥等。又过了一周，芹菜还是没有动静。孩子们又对芹菜的生长环境进行了细致的观察，他们发现地里有一堆堆发黑的小土包，很多孩子都认为一定是这些黑土包把小种子给压住了，但这些黑土包是什么呢? 是不是直接影响芹菜种子发芽的东西呢? 看到孩子们这么好奇，我并没有直接告诉他们答案，而是让他们自己去查阅资料，通过询问家长和上网查阅，孩子们知道了黑土包其实是蚯蚓的粪便，而蚯蚓是替植物松土的，是能够帮助植物生长的，所以它不是影响芹菜发芽的原因。

3. 于是，孩子们又有了新的讨论：是不是种子种得太深了? 我们通过查阅资料发现，芹菜应该种一厘米深。大家马上来到菜园，进行了实际测量。测量后发现，我们种的种子大概有三厘米深。于是，我们重新种下了芹菜种子，大家仔细地测量了种植的深度，绝对没有超过一厘米。孩子们每天都细致地照料芹菜地。又过了一个月，芹菜依然没有发芽。但在这个过程中，孩子们的表现一直都是主动的。他们主动发现问题、思考问题，然后主动寻找答案，获得新的经验。

4. 那到底是什么原因呢? 孩子们产生了分歧，有的说一定是天气冷，芹菜种子怕冷，需要在温暖的地方才能生长；还有的说一定是我们之前种得太密了，种子都堆在了一起，不好长。孩子们排除了阳光、空气、水、营养等生长条件外，开始关注植物生长环境的适宜性。最终，得出结论：芹菜种子要在适宜的环境下种植，等它发芽后，再栽到室外。

5. 接下来，我们又进行了室内种植，班里阳光好、暖和，孩子们把芹菜种子又细心地种了一遍，然后继续照顾、观察，每天依然关注。在大家精心地照顾下，果然，没过多久，种子就发芽了。孩子们特别高兴，因为这是他们通过自己的实践、探索和辛勤劳动得到的结果。通过这次种植活动，孩子们了解了种子发芽过程中的不易和艰辛，获得了种子种植的经验，如适合的深度、分散播种、温暖的环境、适量的水等，体会到小种子生命力的顽强与伟大，进而体会到了食物来之不易，引发幼儿思考并懂得不应该挑食、不应该浪费食物，要珍惜食物。

图 3-21

图 3-22

图 3-23

图 3-24

（三）生活活动：种南瓜

活动目标

1. 乐于参加种植活动，体验劳动的快乐。

2. 会正确使用一些种植工具，如铲子、喷壶等。

3. 初步学会种植、照料南瓜的方法和技能。

活动场景

种植角。

活动过程

1. 讨论南瓜的用途

(1) "解剖"南瓜，了解南瓜里面有什么。

(2) 讨论南瓜的用途：南瓜可以做什么？

2. 种植要点讲解

(1) 松土、捡石块、挖小坑、浇水，把南瓜的种子种在坑里，再盖上一层薄薄的土。

(2) 安全事项：

①不要把小锄头对着小朋友。

②不要把土扬起来，以免眼睛受伤。

③如果去种植园，不要在菜地周围奔跑、推挤，避免摔伤。

3. 种植南瓜

(1) 引导幼儿根据步骤进行种植。

(2) 种植结束后，引导幼儿对长出来的南瓜苗进行养护和观察，通过拍照记录发现南瓜苗的生长变化过程。

图 3-25   图 3-26

（四）生活活动：蚕

活动目标

1. 让幼儿充分观察蚕、了解蚕，探究蚕宝宝的生长过程。

2. 在此过程中产生对蚕的情感，同时激发幼儿的探究兴趣。

饲养角。

活动过程

1. 蚕宝宝在孩子们的细心照顾下慢慢地长大了，引导幼儿观察：蚕宝宝是什么样儿的？蚕宝宝爱吃什么？

2. 通过讨论、观察，了解蚕的生长变化过程。

（1）蚕宝宝是从哪里来的？蚕卵是什么样儿的？

（2）蚕卵怎么能孵出蚕宝宝来？蚕卵孵出来的蚕幼虫像什么？叫什么？

（3）蚕宝宝吃了很多桑叶，一天天地长大，它又有哪些变化？又变成什么样子了？

引导幼儿了解蚕宝宝在各个生长阶段的变化及特征。

小结：蚕卵孵出蚕宝宝—蚕宝宝吃桑叶长大了—蚕宝宝吐丝、结茧了—蚕宝宝变成了蚕蛹—蚕蛹破茧而出变成蚕蛾—蚕蛾交配、产卵、死去。

3. 了解蚕屎和蚕茧的用途。

蚕屎可以做枕芯，有药用价值；蚕茧能抽丝，纺织成丝绸，可以做面料和服装等。

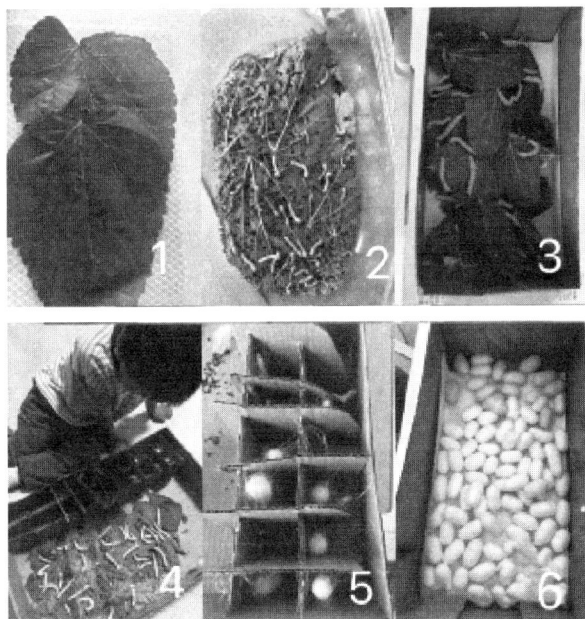

图 3-27

35

（五）生活活动：种子历险记

活动目标

1. 知道种子常见的几种传播方式和途径。

2. 了解几种种子的名称，感受大自然中种子传播、孕育新生命的现象。

活动场景

户外活动过程中，在草坪上发现了蒲公英。

活动过程

1. 泥塑动画片《种子历险记》、准备动画片中三种种子的图片、黑板、记录纸、笔。

2. 引起探究兴趣。

（1）出示三种种子的图片，激发幼儿探究种子的兴趣。

（2）提问并讨论：小种子会旅行，你们知道它们是怎么旅行的吗？

（3）幼儿猜想并讨论、记录。

3. 观看泥塑动画片《种子历险记》，提问：

（1）三颗种子的家在哪里？

（2）它们分别是怎么来到新家的？

（3）你能给这种传播方式起个名字吗？

4. 验证猜想：

（1）通过讨论，验证自己原先的猜想是否正确。

（2）小结：知道种子可以借助风、动物的粪便、动物身体携带等三种传播途径进行传播。

5. 延伸活动：引导幼儿探寻种子其他的传播途径。

6. 续编故事《种子历险记》。

附故事：

种子历险记

在一片大草原上，来了三颗小种子。小绿说："真孤独呀！"正在这时，它听见了一个声音："还有我呢！"一颗橘黄色的种子缓缓地走了过来。"等等我，还有我一个！"又有一颗白色的种子走了过来，"你们是从哪里来的？你们的家在哪儿？"

小绿说："我的家可美了。这时候，牛伯伯走来了，它把我吃到了肚子里，带着我走了很远、很远的路，又把我从它的身体里排了出来，我就来到了这里。"

小黄说："我的家也可美了。狗哥哥和我一起玩，我就挂在了它的身上，是狗哥哥把我带到了这里。"

小白说："我们和妈妈一起生活,我们渐渐地长大了。一天,风伯伯轻轻一吹,我们就飞了起来,一直飞到了这里。"

三颗小种子高兴地抱在了一起："哈哈,咱们三个能遇到,真让人高兴!咱们一起生活吧!"

(六)生活活动:它真的发芽了吗

活动目标

1. 知道种子的生长过程是循序渐进的。
2. 了解种子生长所需的条件。
3. 感受生命生长过程的神奇。

活动场景

植物角。

活动过程

1. "清明前后,种瓜点豆。"终于到了清明节,孩子们都十分期待这次种植活动。

2. 教师准备好铲子、种子、水壶等材料,孩子们开始种植了。由于缺少种植经验,大家只是把种子埋进土里,浇了少量的水。过了一段时间,大部分种子都发芽了,只有一盆薄荷迟迟没有发芽。

3. 看到其他植物都发芽了,孩子们十分开心。有个幼儿提出了问题:"怎么这一盆没发芽呢?其他的植物都长得很高了。它是不是不会发芽呀?"教师听后,决定在孩子们离园后一探究竟。

4. 孩子们离园后,教师对着没有发芽的花盆"研究"起来,摸摸土壤,好硬啊!原来是在种植前没有把土壤松开,导致种子被埋在了地下,发芽之后又顶不出来。于是,教师挖出了发了芽的种子,把它移植到另一个土壤松软的花盆里,又给它浇了一些水。第二天,孩子们全都惊喜地说:"发芽了!发芽了!""它长得好快呀,一晚上就长这么高了!"

5. 随后,孩子们在班里展开了一场激烈的讨论,大家各自发表着自己的观点:"它就是一晚上长出来的!""哪有种子会一天就长那么高呀,不可能!""天气变热了,所以种子就长得快了!"

6. 孩子们开始关注种子的生长条件及生长过程。于是,教师为孩子们揭秘:"其实是老师进行了移植。但是之前的种子为什么没有发芽呢?"教师拿出移植前的花盆,让孩子们摸一摸土壤,感受一下。有的小朋友很快地说道:

"土这么硬，又这么干，种子缺水，肯定长不出来。"于是，大家一起检查了班里所有的小植物，看看它们的土壤、湿度等是否适合种子生长。

7. 自从那次活动之后，孩子们更加细心地照顾种子了。通过种植活动提高了幼儿的观察能力、动手能力，使幼儿感受到生命的力量和伟大，体会到劳动的辛苦与快乐，收获到成功的喜悦。

图 3-28   图 3-29

（七）生活活动：孔子诞辰日——思贤，成为更好的自己

活动目标

1. 能弘扬中华优秀传统文化，提升幼儿对中华传统文化的认同感和自豪感。

2. 了解孔子及其优秀的品德，帮助幼儿养成更多的优秀品质，同时提升自身的文化修养。

活动场景

幼儿园及各班活动室。

活动过程

1. 教师在幼儿园大门口事先布置了"智慧门"。幼儿入园后，走过"智慧门"。教师为幼儿在眉心位置点朱砂，教师边点边说："朱砂启智。"引导幼儿感受孔子诞辰日的节日氛围。

2. 教师结合视频、课件等带领幼儿认识孔子，激发幼儿认识孔子的兴趣，引导幼儿了解孔子创设的儒学传统思想。

3. 教师带领幼儿学习拜孔子的动作要领，了解并感受纪念孔子的仪式。

4. 教师宣誓，幼儿向教师三鞠躬行礼，感受尊师重道的优秀传统文化。

5. 教师带领幼儿结合生活实际了解孔子的优良品德，并引导幼儿继承和发扬中华优秀传统文化，成为更好的自己。

图 3-30

图 3-31

第三章／传统文化下生命教育课程之生活活动

（八）生活活动：《数九歌》

活动目标

1. 能够朗诵《数九歌》，感受《数九歌》的韵律。
2. 尝试用手指谣的形式边说边表现《数九歌》。
3. 通过诵读《数九歌》，感受季节温度变化的特点。

活动场景

过渡环节：幼儿穿好衣服，准备去户外活动。

活动过程

1. 谈话导入：天气为什么越来越冷？你们想不想知道冬天什么时候最冷？什么时候，天气才会变暖吗？

2. 教师朗诵《数九歌》。

3. 提问：刚刚，你们听到了什么？歌谣里说什么时候天气就会变暖？你怎么知道的？

教师向幼儿介绍《数九歌》的内容，帮助幼儿理解。

4. 教师一边出示相关场景图片，一边引导幼儿说《数九歌》，帮助幼儿记忆歌谣内容。

5. 教师鼓励幼儿根据歌谣内容，用肢体动作进行表现，如：

（1）一九二九不出手，应该怎么表现？

（2）三九四九冰上走，用手势怎么表示？

6. 师幼根据创编的动作，共同边做动作边说歌谣。

附歌谣：

数 九 歌

一九二九不出手，

三九四九冰上走，

五九六九沿河看柳，

七九河开，八九燕来，

九九加一九，耕牛遍地走。

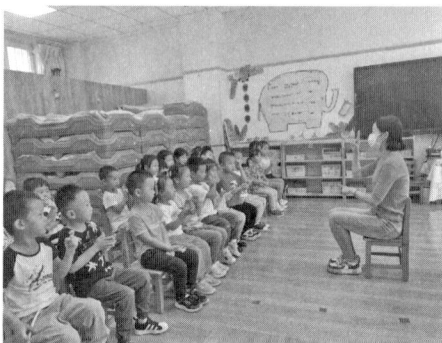

图 3-32　　　　　　　　　　　　　　　　　　　图 3-33

（九）生活活动：有趣的生肖

活动目标

1. 通过故事，了解十二生肖中的十二种动物及其排列顺序。

2. 知道自己和家人的生肖，感受传统文化的独特性。

活动场景

活动室。

活动过程

1. 播放《十二生肖模仿操》音乐，导入活动。

请幼儿跟随音乐边做动作边回忆：我们小班的时候做的这套操叫什么名字？为什么叫"十二生肖模仿操"呢？

2. 师幼共同讨论：

（1）你知道自己的生肖吗？

（2）你知道爸爸、妈妈的生肖是什么吗？

（3）你猜猜老师的生肖是什么？

3. 提问：

（1）马上要过年了，你知道今年是什么生肖？

（2）十二生肖的顺序为什么是这样排列的？

4. 教师讲述故事《十二生肖》后，并提问：十二生肖里都有哪些动物？为什么老鼠那么小，却排在了第一位？猫属于十二生肖里的动物吗？

5. 教师再次讲述故事，帮助幼儿理解故事内容，熟悉十二生肖的排列顺序。

6. 引导幼儿说一说十二生肖的排列顺序，并向同伴、教师介绍自己或家人的生肖。

7. 教师小结：生肖不仅可以推算我们出生的年份，与我们每个人的年龄息息相关，更是中华几千年的文化积淀，我们应该为我们的文化感到骄傲和自豪。

图 3-34

图 3-35

三、大　班

（一）生活活动：安全快乐入园记

活动目标

1. 知道过马路要走斑马线，会观察左右来往车辆，主动遵守交通规则。

2. 会用礼貌的语言主动与幼儿园门口接待早来园幼儿的人员问好。

活动场景

早入园环节，幼儿园大门口。

活动过程

1. 早入园时，警察、家长志愿者、保安、教师组成的四支队伍，在幼儿园大门口协调车辆和人员通行，保证幼儿生命安全。

2. 家长引导幼儿过马路时观察左右来往车辆，走斑马线过马路。

四支队伍中的人员等待几名幼儿来齐后，带领幼儿一起过马路，首先观察左右是否有车辆通过，在确认安全的情况下，走斑马线过马路。

教师：明天，小朋友们按照这个步骤自己过马路，好不好？

3. 引导幼儿使用礼貌用语主动问好。

早入园时，有的幼儿能主动与四支队伍中的人员问好。对于不说话的幼儿，四支队伍中的人员主动与幼儿问好。为了调动幼儿的积极性，四支队伍中的人员主动伸出手与幼儿一一击掌互动，激发幼儿的兴趣，帮助幼儿建立自信，鼓励幼儿主动与四支队伍中的人员问好。

4. 组织幼儿模拟早入园的情景，在与幼儿的相互交流中，学习主动使用文明语言问好，主动遵守交通规则。

图 3-36

图 3-37

（二）生活活动：我爱大树妈妈

活动目标

1. 对大自然的一草一木有着强烈的探索欲望。

2. 在日常生活中，增强关注生命和热爱生命的意识。

活动场景

户外活动。

活动过程

1. 一次，一场大风把幼儿园里的一棵果树吹倒了，孩子们都感到非常惋惜。教师及时组织孩子们收集了一些树枝和叶子，开展了"我爱大树妈妈"的活动。

2. 在导入环节中，教师先给幼儿讲了《小鸟和大树》的故事，引导幼儿思索：小鸟喜欢在什么地方筑巢？如果大树妈妈被砍伐了，或者被自然灾害毁了，会带来什么后果呢？孩子们经过自由讨论，一致认为：如果失去了大树妈妈，小鸟会很伤心，因为它没有地方建造自己的家了。

3. 为了进一步加深孩子们对"生命"的理解，教师继续抛出了两个问题：我们应该怎么保护大树妈妈呢？这棵已经被大风吹倒的果树，还可以怎样利用呢？

4. 孩子们根据这两个问题自愿组成了"保护大树妈妈"小组和"绿色环保"小组，展开了更加落地的实践活动。"保护大树妈妈"小组的成员们设计了"保护大树妈妈"的宣传海报，张贴在幼儿园的公共区域里。"绿色环保"小组的成员们将树枝和叶子做成了标签和艺术画，装饰在班级楼道里，他们还合作设计了环保标志，向小班的弟弟、妹妹们进行环保宣传。

5. 整个活动持续了一周，通过此次活动，激发了孩子们对大自然探索的欲望，帮助他们了解了更多有关树木的常识，懂得每种动、植物都需要好的生态环境，并把环保意识落实到日常行为中，培养幼儿树立正确的生命价值观，促进其形成阳光的心态。

图 3-38

图 3-39

图 3-40

图 3-41

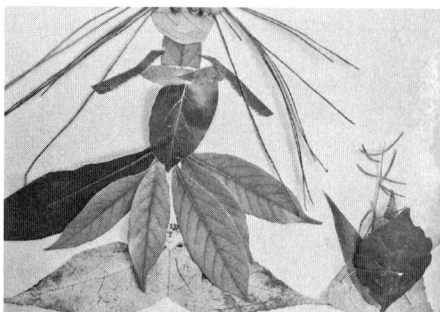

图 3-42

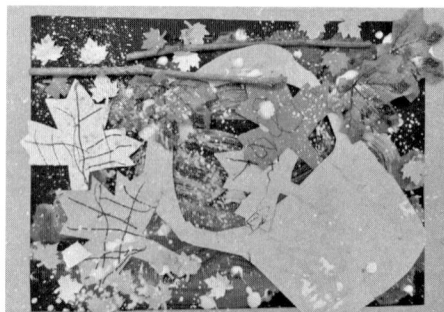

图 3-43

图 3-44

图 3-45

（三）生活活动：再见啦，小乌龟

活动目标

1. 通过谈话，引导幼儿感知生命的脆弱，从而培养幼儿尊重生命、珍惜生命、热爱生命的情感。

2. 通过送走去世的小乌龟，引导幼儿认识到死亡的本质，树立正确面对死亡的态度。

3. 通过体验式生命教育，指导幼儿学会调节负面情绪。

活动场景

饲养区。

活动过程

1. 饲养区里养的小乌龟死了，孩子们都很伤心！于是，教师等幼儿情绪稍微平复之后进行了提问："小乌龟去世了，你心里觉得怎么样？"通过对话引导幼儿感知自己的情绪。孩子们有的说心里很难过，有的说很舍不得小乌龟。教师在此基础上，进一步提问："你为什么会觉得心里很难过、很舍不得呢？"让孩子们自然地表达对"死亡"的理解，通过回忆与小乌龟在一起的美好时光，引导幼儿感知生命的脆弱，借助小乌龟死亡的教育契机，让孩子们认识到有生就有死的定律，对生命的诞生与死亡有科学的认识。

2. 组织幼儿开展小乌龟"后事"讨论会，教师提问："我们的好朋友小乌龟去世了，我们能为它做些什么呢？"孩子们决定要给小乌龟举行一个告别仪式。

3. 教师可以出示为宠物举行告别仪式的影像资料，引导幼儿了解中国传统文化中的殡葬文化，讨论给小乌龟举行告别仪式需要做些什么。有的幼儿说要找一块墓地，有的幼儿说要折叠一些小白纸花，还有的说要放音乐、鞠躬等。

4. 教师继续引导幼儿思考："如果我们想小乌龟了，怎么办呢？我们还可以做些什么？"引导幼儿折叠白色的纸花，用超轻黏土捏出小乌龟的形象，还可以把小乌龟的趣事画下来，制作一本绘本，放在班级的图书区，供小朋友们阅读，回忆与小乌龟在一起的美好时光。

5. 教师引导幼儿一起在幼儿园里给小乌龟找一块墓地，给小乌龟做一个墓碑，在墓碑上画上小乌龟的样子。

6. 最后，我们给小乌龟举行了一场告别仪式，为小乌龟送行。教师播放了低沉的音乐，带着孩子们一起默哀，鞠躬，将折好的小白纸花和制作好的超轻黏土小乌龟放在墓碑前。通过折白色的纸花、制作绘本、参加告别仪式、默哀、鞠躬、献小白花等一系列活动，进行了一次深度体验式生命教育活动，培养幼儿学会面对死亡，学会缓解因为小乌龟死亡带来的悲伤情绪。

图 3-46

图 3-47

图 3-48

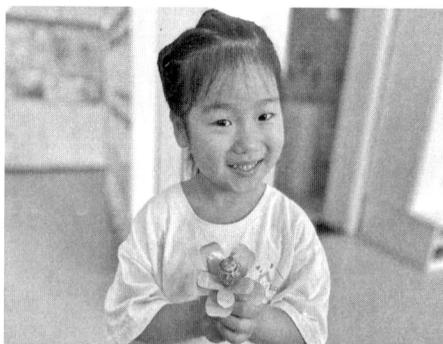

图 3-49

（四）生活活动：小螃蟹

活动目标

1. 了解水生动物的基本特性，学习照顾小动物。
2. 知道关爱他人和身边的事物，懂得尊重和爱护生命。

活动场景

自然角。

活动过程

1. 在我们班的自然角里，幼儿带来了小鱼、小乌龟和小螃蟹。他们特别喜欢这些小动物，每天过渡环节都会来到自然角，小心翼翼地照顾着这些小动物。

2. 突然，有一天早上，小螃蟹失踪了。孩子们都很着急，怎么找也没找着小螃蟹。后来，在一楼发现了小螃蟹，但是它已经死掉了。孩子们看到后都很伤心，纷纷议论着小螃蟹是怎么死掉的，有的说肯定是饿死的，有的说是渴死的，还有的说是冻死的……最后，我们发现小螃蟹的壳都摔碎了。大家又联想到小螃蟹是在一楼发现的，因为我们班在三楼，所以大家一致认为小螃蟹是摔死的。

3. 孩子们先是懊恼自己没有照顾好小螃蟹，觉得装小螃蟹的鱼缸太小、太矮了，应该给小螃蟹做一个更大的家，就像小鱼的家一样。因为之前小鱼是放在小鱼缸里的，但是陆陆续续总会死掉，大家觉得是因为小鱼缸太小，氧气不够，所以教师带领孩子们一起制作了超大鱼缸，果然，小鱼就不死了。

4. 接着，孩子们又讨论了该怎么处理这只死掉的小螃蟹。大家都认为应该把小螃蟹埋在院子里。在下楼之前，晴晴先从美工区里找来了一个小盒子，把小螃蟹装了进去，说小螃蟹的壳已经碎了，这样埋的时候，土不会直接压到小螃蟹的身体，大家都纷纷表示晴晴想得很周到。装好后，我们就下楼去寻找合适的地方。

5. 皓皓说埋在树下。阳阳说不行，给树浇水的时候，会把盒子弄湿。萌萌说把小螃蟹埋在菜园里，马上又遭到了其他幼儿的反对。大家说种菜的时候，会把小螃蟹挖出来。最终，我们找到了一个角落，大家认为角落里比较偏僻，不容易被人破坏，比较安全。埋的时候，因为装小螃蟹的盒子上面有孔，梓澳找了个大石头压在盒子上，说这样土就进不去了。埋好后，孩子们还找来了小树枝插在地上，用这个做好记号，方便我们找到小螃蟹。

6. 回班后，孩子们很不放心，不停地张望，生怕有人过去会踩到小螃蟹，又怕有人把小螃蟹挖走。于是，孩子们决定回家后和家长一起制作一个标牌。

7. 第二天，孩子们把标牌带到了幼儿园，因为要放在外面，所以我们又把薄纸做成的标牌压好了膜或粘上了宽胶带。最后，孩子们把制作好的标牌立在了小螃蟹的身边，这才放下心来。

8. 每次户外分散游戏的时候，孩子们依然会跑过去看看小螃蟹，还会给其他教师和小朋友们讲解我们班小螃蟹的故事。这个活动是孩子们自发生成的。这件事发生之后，孩子们照顾自然角的动、植物变得更加用心，考虑问题也更加周全了，进而懂得了关爱他人和身边的事物，最重要的是他们懂得了尊重和爱护生命。

图 3-50

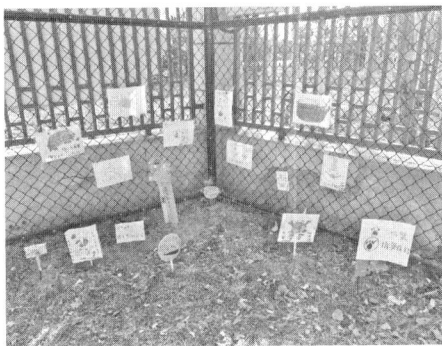

图 3-51

（五）生活活动：认识我的姓和名

活动目标

1. 能够认识自己的名字，初步了解自己名字的由来与含义。

2. 通过了解名字的由来与含义，感受父母对自己的祝福与爱。

3. 初步了解百家姓，寻找身边不同的姓氏，激发对姓氏的探究兴趣。

活动场景

活动室。

活动过程

1. 活动前准备，教师通过家园合作，请家长带领幼儿认识自己的名字，家长向幼儿讲述幼儿名字的由来与含义。幼儿复述并用视频的形式记录下来，在班级中分享自己名字的来历，名字中体现了哪些父母的祝福与爱。

2. 分享与讨论：名字当中的每个字都有不同的含义；同音的字，含义也可能不同；班里谁和我的姓氏一样，谁和我的名字一样。

3. 教师激发幼儿对名字的探究欲望，利用记录表的形式，引导幼儿在园内收集教师的姓氏。

4. 幼儿对姓氏记录表进行分析、讨论：园内的老师们都有哪些姓氏呢？哪些姓氏多？哪些姓氏少？哪些姓氏是不常见的？

5. 教师通过《百家姓》，让幼儿了解中国姓氏文化。

6. 教师利用家园共育，引导幼儿在家里用记录表的形式继续收集姓氏，寻找更多不同的姓氏。来到幼儿园后，与同伴和教师分享。

图 3-52

图 3-53

（六）生活活动：我的家务劳动计划

活动目标

1. 通过对家庭劳动进行调查，了解家务劳动有哪些，学做简单的家务劳动。

2. 参与家务劳动，培养幼儿自我服务和主动参与家务劳动的意识。

3. 在劳动的过程中，学会请教、合作、语言表达，提高发现问题与解决问题的能力。

4. 通过调查体会大人劳动的辛苦，激发幼儿参与家务劳动的责任感，感受成功的喜悦。

活动场景

班级活动室和家里。

活动过程

1. 活动前，家园合作开展家务劳动调查活动。

调查项目	班级： 姓名：
家里有哪些家务活儿？	
做过哪些家务活儿？	
会做哪些家务活儿？	

2. 集体讨论：家里都有哪些家务活儿？日常生活中，你认为哪些属于家务劳动？你最拿手的家务劳动是什么？你是怎么做的？

3. 认识家里常用的劳动工具，结合 PPT 课件了解工具的使用方法和用途。

4. 播放家务劳动的图片和视频，深入了解几项家务劳动的做法，如洗衣服、择菜、洗菜、擦桌椅、摆碗筷、扫地、拖地、叠衣服等。

5. 讨论家务劳动的安全注意事项。

6. 制订《一日家务劳动计划表》。

一日家务劳动计划表

早上起床后	
上　午	
午饭后	
下　午	
晚间劳动	
我的收获：	

7. 在家完成《一日家务劳动计划表》。

8. 提示家长把幼儿在家完成家务劳动的场景以照片或视频的方式保存下来，发给教师。

9. 教师根据幼儿的家务劳动情况进行小结。

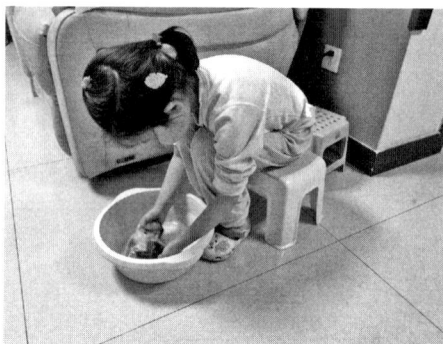

图 3-54　　　　　　　　　　　　　　图 3-55

（七）生活活动：神奇的 21 天——孵小鸡

活动目标

1. 培养幼儿对生命科学的探索精神。

2. 让幼儿真切地感受生命诞生的奇妙，感悟生命的宝贵。

活动场景

活动室。

活动过程

1. 请家长为幼儿准备一个受精的鸡蛋。教师为幼儿准备恒温箱、手电。

2. 请幼儿为自己带来的鸡蛋做标记，把做好标记的鸡蛋整齐地摆放在恒温箱里，将恒温箱调到适宜的温度，把恒温箱盖子盖好。

3. 每天，请幼儿拿起自己标记好的鸡蛋，用手电照射鸡蛋，观察鸡蛋内部的变化，将变化记录下来，感受生命孕育过程的奇妙。

4. 直到 21 天，鸡蛋发出了声音，蛋壳慢慢地出现了裂痕，小鸡慢慢地露出部分身躯，破壳而出。

5. 让幼儿观察孵出来的小鸡，用手摸一摸，感受生命的力量与神奇。

图 3-56

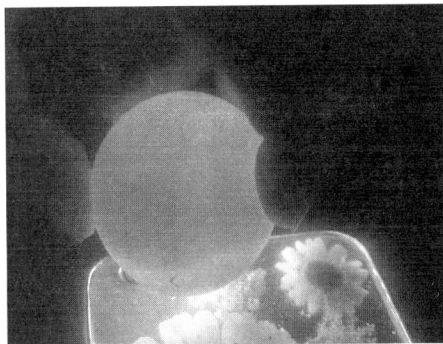

图 3-57

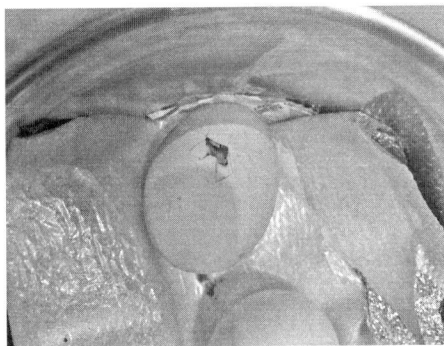

图 3-58

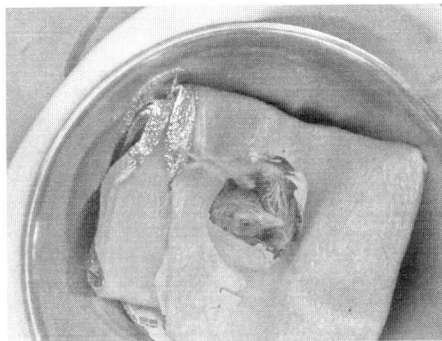

图 3-59

（八）生活活动：怎样吃更健康

活动目标

1. 知道饮食与自己的身体健康有着直接的关系。

2. 探索饭菜搭配的合理性，逐步养成健康的饮食习惯。

活动场景

自己家里。

活动过程

1. 观看纪录片，引导幼儿了解饮食与人的生命之间的关系。

2. 记录自己的一日三餐，引导幼儿说一说：这样吃健康吗？应该怎么吃？

3. 通过讨论，利用多种渠道搜集关于健康饮食的知识，如：听长辈说、电视上看到的、绘本里讲述的、医生建议等。

4. 做 28 天健康饮食计划表，可以分为四周的计划，按照自己的计划进餐。

5. 总结。引导幼儿说一说"你做到了吗？这样吃健康吗"，鼓励家人一起健康饮食。

图 3-60

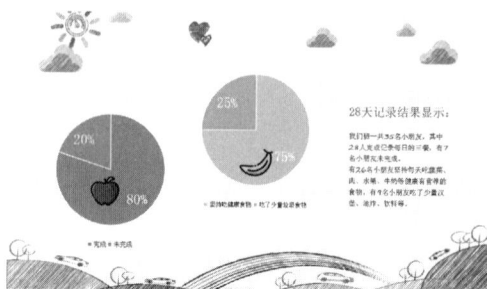

图 3-61

图 3-62

图 3-63

（九）生活活动：从"气哼哼"到"笑哈哈"

活动目标

1. 建立认识情绪的意识。

2. 在面对"生气"这个情绪时，能找到适合自己的调节情绪方法。

活动场景

发现幼儿在游戏、活动中发生冲突后。

活动过程

1. 情景导入，引发同理心。

教师：小朋友们，今天，小明的心情特别不好，他看见谁都想发脾气。唉，你能猜一猜，这是为什么吗？

通过幼儿讨论，将问题引入生活，引发幼儿的同理心。

2. 讲述《历史人物小故事之三国大将张飞的一时之气》，思考生气、发脾气的害处。

教师：原来，在生活中有很多事情会让人不开心！就像小朋友们说的：妈妈不让养宠物小狗、和小朋友发生了小矛盾、吃饭弄脏了自己漂亮的花裙子，这么多事情都可能引发我们生气的情绪。其实不仅仅是我们，就连很多了不起的英雄也是这样。今天，老师就为小朋友们带来了三国时期一位非常厉害的大英雄张飞的故事，故事的名字叫"一时之气"。

图 3-64

教师：听了这个故事，小朋友们有什么想法吗？

幼儿发表意见，体会到生气、发脾气的害处，为后面找到解决办法进行铺垫。

3. 打开思路，探讨可能性。

教师：小朋友们，因为生气是不对的，我们是不是就不应该生气呢？也不是，所谓人有七情六欲，无论是快乐、悲伤、生气还是愤怒，都是我们情绪的一部分。我们每个人都会有特别开心的时候，也会有很不开心的时候。

引导幼儿建立平和的自我认知态度，了解并不是生气就是坏的、开心就是好的，健康心理状态的前提就是尊重自己的情绪。

教师：既然这样，遇到不开心的时候，我们可以怎么办呢？

（1）和我的好朋友分享，说出来就好多了。学会倾诉。

（2）做喜欢做的事情，比如做手工、唱歌、画画，一会儿就忘了不开心的事。学会转移。

图 3-65

（3）大吃一顿。学会补偿。

（4）找一个没有人的地方大喊大叫，或者哭出来。学会发泄情绪。

（5）运动，比如跳绳、跳街舞，通过运动转移或发泄不良情绪。

4. 引导幼儿把调节生气情绪的好办法画出来，做成绘本，放在图书区，供幼儿阅读。

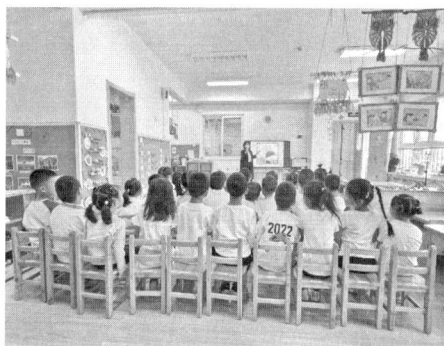

图 3-66

（本章由关海燕、安惠欣、王明月、王晓青、王宇晴、夏艺珊、王娇等著）

第四章 传统文化下生命教育课程之教学活动——小班

活动一 立春美食

活动目标

1. 了解与立春节气有关的习俗，如咬春、打春等，重点关注立春美食。

2. 学会制作春饼的方法，品尝立春美食春饼和春卷。

3. 通过观察春天景物的颜色，想象并对比五彩丝的色彩，体验春天给生活及生命带来的美好。

活动准备

美食图片（包括饺子、包子、肉龙、春饼、春卷等）、和好的面团、面板、擀面杖、绿豆芽、粉丝、胡萝卜丝、韭菜段、木耳丝、春卷、电饼铛、围裙。

活动过程

（一）导入环节

1. 品尝炸春卷，激发幼儿参与立春美食制作活动的兴趣。

（1）教师出示一盘炸春卷并提问。

教师：小朋友们，今天，老师给你们带来了一款美食，看看你们吃过吗？（吃过、没吃过）你们知道这个叫什么吗？（春卷）我要请每个小朋友尝一尝，它是什么味道的？里面的馅是用哪些菜做的？是什么颜色的？

（2）教师给每个幼儿发放切成一半的春卷，引导幼儿先观察馅的颜色，猜猜是什么菜做的。

幼儿：这个绿色的是黄瓜丝。

幼儿：这个白色的是绿豆芽。

幼儿：这个黑黑的，是木耳丝。

（3）请幼儿品尝春卷，说说春卷的口感和味道。

教师：小朋友们可以尝一尝春卷是什么味道的？

小结：这款美食叫"春卷"，有的小朋友吃过，刚才说对了。春卷里面有绿色的黄瓜丝、橙色的胡萝卜丝、白色的绿豆芽、黑黑的木耳丝，还有透明的、浅灰色的粉丝，一共是五种颜色的食材。吃起来香香的，脆脆的，很好吃。

2. 提问引出立春节气，引导幼儿了解立春的习俗。

教师：你们知道今天是什么日子吗？咱们为什么要吃春卷？

幼儿：因为春天来了，所以要吃春卷。

教师：这个小朋友说对了，今天是立春。我国古代的农民伯伯为了更好地种庄稼，根据春、夏、秋、冬的天气变化，把一年分成了二十四个节气，每十五天为一个节气。立春是二十四节气的第一个节气。"立"表示开始，"春"表示春天，立春这一天就意味着春天的开始。春天来了，小草从地里冒出了头儿，小嫩芽也挂在了树梢上，小花苞也长了出来，还有小虫子也会从地下爬出来。因此，春天万物萌发，也预示着生命的开始。

（二）基本环节

1. 问春饼。

教师：我们刚刚品尝过了好吃的春卷。接下来，我们要一起动手制作一款立春时吃的美食——春饼。小朋友们有没有吃过春饼？

幼儿：吃过。

幼儿：没吃过。

2. 猜春饼。

教师出示各种美食图片，包括饺子、包子、肉龙、春饼、春卷等，引导幼儿说说哪种美食是春饼。

教师：这里有各种中国传统美食，你们知道这些美食都叫什么吗？你们吃过哪种美食？它们的味道怎么样？哪些美食是立春这天吃的？哪个是春饼？

幼儿指认传统美食，说出名称并简单介绍其做法、吃法或味道。

幼儿：这个是饺子，我最爱吃饺子了。我奶奶常给我包各种馅儿的饺子，很好吃。

图 4-1

幼儿：这个是包子，是蒸出来的，香香的，可好吃了。

幼儿：这个是春饼。吃的时候，需要把菜放在春饼里，卷起来吃。

幼儿：这个是春卷，是炸着吃的，吃起来脆脆的，香香的。

小结：这些美食是咱们中国特有的传统美食，很多小朋友都吃过。但是，这里面只有两种美食是立春这天常吃的，一个是刚才小朋友们吃过的春卷，另一个就是这个春饼了。

3. 说春饼。

教师介绍我国古代立春时"五辛盘"的由来及其演变成春饼的过程。

教师：小朋友们，你们知道古代立春的时候吃什么吗？

教师：古代人立春时会吃一种美食叫"五辛盘"。五辛盘其实是立春时吃的一种凉菜，人们在盘子里摆放五种有辛辣味道的蔬菜，包括葱、蒜、韭菜、油菜（另一种说法是萝卜）、香菜。据说，这个"辛"字与"新"谐音，有迎新春的意思。另外，还有一种说法，古代的人认为立春之后，万物复苏，吃一些有辛辣味道的食物，可以帮助气血运行，对身体健康有好处。后来，人们又准备了一些酱肉和各种颜色的炒菜，用薄饼卷着吃，演变成现在的春饼了。

4. 做春饼。

（1）认识制作春饼的工具和食材。

教师：小朋友们，你们喜欢吃辣的吗？（喜欢、不喜欢）确实，有的人不喜欢吃辣的。后来，人们就把五辛盘里的五种蔬菜换成了五种颜色的菜了。吃春饼的时候，还要把这五种颜色的菜炒熟了，装在盘子里，烙出薄饼，用饼卷菜吃。

教师：今天，咱们就一起动手制作好吃的春饼吧！先来看看，做春饼需要哪些食材。

教师出示制作春饼的工具和食材，引导幼儿认识，简单学习如何使用工具。

（2）"打春饼"游戏。

教师：立春这一天，有打春的说法。是在立春前一天，用泥巴捏出春牛，用红绿相间的鞭子抽打春牛，祈福五谷丰登。咱们今天就用打面团的方式代替"打春"吧！小朋友们每人取一块面团，攥好你的小拳手，用力击打面团，可以让面团更有韧劲儿。

教师给幼儿戴上围裙，围在面板周围，引导幼儿玩"打春饼"的游戏，提醒幼儿注意安全。

（3）擀春饼。

教师：面团都"打"好了。接下来，咱们要把大面团揪成小面团，再把小面团用擀面杖擀成圆圆的面饼，一起来试试吧！

教师引导幼儿探究将大面团分成小面团的方法，可以用拧、揪、挤压等方法，再将小面团团成球状，放在案板上压扁。取一根擀面杖，擀压面团，上下擀完之后，将面饼调转一下方向，再接着擀，将面团擀成圆形的面饼。

教师示范擀面饼的动作，引导幼儿观察、模仿，主动尝试，不要求幼儿一定将面饼擀成圆形。

（4）烙春饼。

教师引导幼儿将擀好的面饼用手托着运到配班教师那里。由配班教师用电饼铛将春饼烙熟。引导幼儿闻一闻、看一看，烙熟的春饼与生的春饼有什么不同。

5. 吃春饼。

（1）认识五彩丝。

教师出示由食堂厨师炒好的五彩丝，引导幼儿了解五彩丝是由哪些菜组成的，将它们的颜色与春天的事物相联系，大胆想象并讲述。

图 4-2

教师：接下来，咱们就一起吃好吃的春饼吧！先看看盘子里的五彩丝都有什么菜啊？有人说这些菜代表着春天的颜色。请你们说说，它们分别代表着春天的哪些事物？

幼儿：黄色的是迎春花。

幼儿：绿色的是新长出来的嫩芽。

幼儿：白色的是玉兰花。

幼儿：黑黑的是小虫子，嘿嘿。

小结：你们的想象力真丰富啊！那些黄色的是炒熟的胡萝卜丝，确实很像迎春花的颜色。绿色的是韭菜段，好像树枝上新长出来的嫩芽颜色。白色的是绿豆芽，好像白色的玉兰花。黑色的是木耳丝，像刚从土里爬出来的小甲虫的颜色。

（2）卷春饼。

教师：现在，咱们把"春天"卷进春饼里吧！看看谁的春饼里"春天"的颜色最多、最丰富。

幼儿动手取一些菜，放在盘子里的春饼中间，用春饼把菜卷成卷儿，引导幼儿学习卷的动作。

（3）咬春饼。

教师：我们一起把"春天"吃到肚子里吧！

幼儿享用自己制作的春饼，感受立春节气美食带来的快乐与有趣。

（三）结束环节

教师介绍咬春习俗，引导幼儿回家后，和家人一起咬春，吃美味的春卷、春饼、萝卜等。

教师：小朋友们今天品尝了立春美食——好吃的春饼和春卷。回家之后，也可以给爸爸、妈妈讲一讲这些美食的由来，和家人一起咬春。也可以买个萝卜来吃，古人有"咬得草根断，则百事可做"之意，意思是有了吃得了苦的韧劲儿，什么事都可以做好、做成。

活动二　惊蛰小虫

活动目标

1. 了解惊蛰节气的气候特点和春天万物复苏的生命特征，发现小虫子在这一天会醒来的秘密。

2. 初步探究惊蛰节气出现的小虫子，观察并了解它们的外形特征和生活习性。

3. 喜欢走进大自然，寻找并发现自己喜欢的小虫子。

活动准备

春雷的音频、各种小虫子的图片（户外拍照获得）、放大镜（每人一个）、画有各种小虫子轮廓的纸、白纸、彩色笔、各种小虫子的头饰（每人一个）、音乐《春之虫》。

活动过程

（一）导入环节

1. 听春雷。

教师播放春雷的音频，引导幼儿倾听并说说这是什么声音，感受春雷发出的巨大声响。

教师：小朋友们，你们听，这是什么声音？

幼儿：打雷声。

教师：对，在惊蛰节气前后会有春雷的声音，这个声音大不大？（大）它会把谁吵醒呢？

2. 讲故事《惊蛰小虫》。

教师讲述《惊蛰小虫》的故事，引导幼儿边听故事边模仿小虫子做相应的动作，如伸懒腰、爬出洞、抖动翅膀、在花丛中飞舞、亲亲花朵等。

教师：春雷的声音好大，吵醒了生活在地下洞穴里的小虫子。小虫子打了个哈欠，伸了伸懒腰，它好奇地侧着耳朵听了听，到底是什么声音呢？小虫子决定爬出洞口去看看。它顺着洞穴的通道爬啊爬、爬啊爬，终于来到了洞口。"哇！外面好亮啊，金灿灿的大太阳照耀着大地，好温暖啊！"小虫子爬出洞，爬到了小草上。刚从地下的洞穴里爬出来，它的背上有很多的小水珠，它先抖了抖翅膀，又用前爪洗了洗脸，决定飞到空中看一看。它用力扇动着翅膀，一下子就飞到了半空中，看到下面开满了大片大片的花朵。它在花丛中飞舞着，又落在了一朵大大的花盘里，亲了亲花芯，喝了一口花芯里的露水。"哦，好甜啊！"这时，又是一声春雷，吓了它一跳。它抬头看了看天空，"哦，我说是什么吵醒了我，原来是天上在打雷啊！"

教师：小朋友们，现在，你们知道小虫子为什么会在惊蛰时爬出洞了吧？原来是春雷吵醒了它。

（二）基本环节

1. 户外找小虫子。

教师：今天就是惊蛰。你们想不想跟我一起去户外找找这些小虫子？看看有哪些小虫子会从洞里爬出来。

幼儿：想。咱们一起去找小虫子吧！

教师带领幼儿出发，去户外的小菜园寻找小虫子。

教师：你们看，这些绿色的菜叶上怎么有这么多的洞啊？是谁把叶子咬成这样的？

图 4-3

教师：这里有个小土堆，是谁把土堆在这里的？

教师：快看，这朵花开得好漂亮啊！把蝴蝶和小蜜蜂都吸引过来采蜜啦！

教师：老师这里有一个有"魔力"的放大镜，透过它看东西，可以把东西放大，看得更清楚。现在，发给你们每人一个放大镜，快用它找找小虫子，仔细看看吧！

教师发给每个幼儿一个放大镜，引导幼儿学会用放大镜观察找到的小虫子，并说说在哪里发现的小虫子、小虫子长得什么样儿、它喜欢吃什么。

有的幼儿拿着放大镜，观察趴在叶子背面的小虫子。有的幼儿在看地上堆起的小土堆，寻找蚂蚁洞或者蚯蚓拉的粑粑。有的幼儿观察趴在树枝嫩芽上的蚜虫。有的幼儿在看草丛里匆匆爬过的小甲虫。还有的幼儿在看盛开的花朵引来的蝴蝶和小蜜蜂。

教师引导幼儿寻找并观察小虫子，说说小虫子的外形特征及它的生活环境与习性。如果幼儿找到了小虫子，教师可以用手机给小虫子拍照，一会儿回到班里，再播放给幼儿看，引导幼儿细致观察，为画小虫、给小虫涂色或手工制作小虫子做准备。

图 4-4

图 4-5

2. 回班认小虫。

教师带领幼儿回班，通过播放手机上的图片，引导幼儿认识各种小虫子。对于不知道名字的小虫子，可以上网查询了解其名称、外形特点和习性等。

教师：小朋友们，惊蛰过后，很多小虫子都从洞里爬了出来。今天，咱们在户外的小菜园里发现了一些小虫子，你们认识这些小虫子吗？一起来看看吧！

图 4-6

教师引导幼儿观察图片，认识大青虫、甲壳虫、蚂蚁、蚯蚓、蜜蜂、蝴蝶、蜘蛛、七星瓢虫、蚜虫等。

3. 画小虫。

教师：接下来，咱们就给找到的小虫子画像吧！这里还有一些小虫子的轮廓图，需要你用彩色笔给小虫子穿上漂亮的外衣！

教师引导幼儿根据自己的能力自主选择画小虫或者给小虫涂色，引导幼儿注意结合小虫子的外形特征和身上的颜色绘画或涂色。

（三）结束环节

"小虫派对"游戏

教师：寒冷的冬天，小虫子们都藏在地下的洞穴里，不吃也不喝，整天睡大觉。当春天来了，天气变暖和了，过了惊蛰，它们才会从地下的洞里爬出来，感受温暖的春天，享受生活，唱唱歌、跳跳舞。

教师：接下来，我们就扮演这些惊蛰小虫，一起开个快乐的派对吧！请你们戴上自己喜欢的小虫子头饰，咱们一起唱唱歌、跳跳舞，尽情地表达春天来临带来的喜悦和幸福吧！

教师播放音乐《春之虫》，引导幼儿扮演不同的小虫子，或飞或爬或唱或跳，表现小虫子不同的动作。

活动三　端午习俗

活动目标

1. 了解端午节吃粽子的习俗及由来，知道有关端午节的传说，了解生命的可贵及价值。

2. 能利用艾草制作端午节的驱蚊药水，会制作五彩手环。

3. 喜欢参与并体验端午节的民俗活动，感受浓浓的节日气氛。

活动准备

熟粽子、各种不同馅料的粽子图片、艾草、石臼、石杵、小喷壶、五种颜色的彩色线绳。

活动过程

（一）导入环节

1. 讲述端午节吃粽子、划龙舟习俗的由来。

教师出示一盘熟粽子，向幼儿提问。

教师：小朋友们，你们知道这是什么吗？

幼儿：这是粽子，我吃过。

图 4-7

教师：对，这个就是粽子。每到端午节的时候，我们就会吃粽子。可是，你们知道为什么要吃粽子吗？

幼儿：妈妈说是为了纪念屈原。

教师：是的，关于端午节吃粽子还有一个故事呢！相传在战国时期，楚国有个大臣叫屈原。他极力主张楚国联合齐国，共同对抗秦国。然而，他的建议没有被楚国的国君采纳，反而被罢了官，流放到很远的地方。农历五月初五这一天，秦国大将军白起率兵攻破了楚国的都城。屈原得知这个消息，知道楚国就要灭亡了，他悲愤交加，投入汨罗江，以身殉国。当地的老百姓为了不让水里的鱼虾吃掉他的身体，于是划着船，敲锣打鼓吓走鱼虾，还把糯米、咸蛋、肉类等抛入江中喂食鱼虾，希望它们吃饱了这些食物，就不会再啃食屈原的身体。后来，每到五月初五端午这一天，人们就会把这些食材包成粽子，煮熟食用，用来纪念屈原的爱国情怀和舍生取义的可贵品质。还有的地方会举行龙舟赛，船头的人会敲锣打鼓给划船的人助威加油，其他的人用力划着龙舟，比比看谁的速度最快，最先到达终点。

2. 品尝粽子。

（1）剥粽子。

教师将煮熟的粽子放在每张桌子中间，引导幼儿在打开粽子叶的过程中，初步了解粽子的包法。

教师：小朋友们看一看，这个粽子是什么形状的？数一数，粽子有几个角？它是用什么包的？是怎么包的？

幼儿：这个粽子是长条的，它有四个角。

幼儿：它是用粽子叶包的，里面有白白的米和小枣。

教师：是的。包粽子的时候，先要把粽子叶折成漏斗的形状，在里面放上白白的糯米和小枣，再用粽子叶把米和小枣包住，然后用马兰草把它捆扎好。最后，需要把它煮熟，才可以吃。

教师：现在，就请小朋友们自己动手扒开粽子叶，尝尝里面的粽子是什么味道的吧！

幼儿动手剥开粽子叶，品尝粽子。

幼儿：粽子吃起来有一股叶子的清香味儿，黏黏的，甜甜的，很好吃。

（2）介绍全国各地不同的粽子。

教师出示各种不同馅料的粽子图片，引导幼儿观察并说说不同的粽子。

教师：你们吃过哪些不同馅料的粽子？分别是什么口味的？

幼儿：我吃过小枣粽、豆沙粽。吃起来是甜甜的。

教师：每到端午节，全国各地的人们都会包粽子，可是各地人们的口味不同，因此，也会包不同馅料的粽子。总的来说，粽子有两种口味，一种是甜的，一种是咸的。甜粽子有刚才小朋友说的小枣粽、豆沙粽，还有玫瑰粽、蚕豆粽等。咸粽子有猪肉粽、火腿粽、香肠粽、虾仁粽等。还有一种粽子叫"双拼粽"，它的一头是咸的，另一头是甜的。

（二）基本环节

1. 挂艾草。

教师出示艾草，向幼儿介绍艾草的特点，引出挂艾草的习俗。

教师：小朋友们，你们认识这个吗？

幼儿：这是一种草。

教师：对，这种草叫"艾草"，你们看看它有什么特点，可以摸一摸、闻一闻。

教师在每张桌子上放一小捆艾草，引导幼儿观察并探索艾草的秘密。

幼儿：这个艾草的叶子正面和背面不一样，正面摸起来滑滑的，背面有点儿毛茸茸的，发白。

幼儿：这个艾草闻起来有一股特殊的味道。

教师：小朋友们观察得好仔细啊！这个艾草的叶子和菊花的叶子有点儿像，它闻起来有一股强烈的气味儿，有的人喜欢，有的人不喜欢。这种味道可以驱蚊虫。每到端午节，人们会取一小把艾草捆在一起，挂在家门口，起到驱虫祛邪的作用。

教师：今天是端午节，咱们也可以取一小把艾草，数一数有几枝，最好是双数，古人有"好事成双"的说法。然后，用皮筋把它捆好，倒着挂在咱们班的大门上。倒着挂是为了避免"头重脚轻"，和新春"福"字倒着贴的寓意一样，希望驱除不好的运气、祈祷福气到来的意思。

教师带领幼儿捆艾草、挂艾草，可以多做几捆，帮助邻班也挂上艾草。挂艾草的时候，最好抱起幼儿，让孩子来挂艾草。

2. 制作驱蚊药水。

（1）介绍艾草的驱蚊作用。

教师出示艾草，引导幼儿了解艾草的驱蚊作用。

教师：艾草属于中药的一种，它有温经、去湿、散寒、止血的功效。因为艾草有一种强烈的气味儿，所以它还可以用来驱蚊虫。很快就要进入夏天了，天气也一天天变暖了，蚊虫也越来越多了。为了防止蚊虫进到屋里来，咱们一起用艾草制作驱蚊药水，喷在纱窗上、门口处。当蚊子和小飞虫飞到这里，闻到这强烈的气味儿，就会被熏跑的。

（2）制作艾草驱蚊药水。

教师出示制作艾草驱蚊药水的材料和工具，引导幼儿学习制作驱蚊药水的方法。

教师：我们先把艾草的叶子从这些枝条上摘下来，然后，把它们放进这个石臼里。用石杵把艾草的叶子捣成汁儿，然后去掉叶子的碎渣，把汁儿倒进小喷壶里，驱蚊药水就做好啦！

幼儿尝试制作驱蚊药水，教师巡回指导。

3. 喷驱蚊药水。

教师引导幼儿用小喷壶在班级的纱窗上、门口等位置喷上驱蚊药水，起到驱蚊的作用。

教师：小朋友们，你们可以拿着小喷壶，把驱蚊药水喷到咱们班的纱窗上或者班级门口的位置，让蚊子和小飞虫离咱们班远点儿。

幼儿根据教师提示，将自制的驱蚊药水喷在相应的位置上。高处的纱窗可以由教师来完成，注意安全。

（三）结束环节

1. 制作五彩绳。

教师：端午节的时候，不论是大人还是小孩子还会佩戴五彩绳，就是用五种颜色的丝线编在一起的绳子，可以系在手腕上、脚踝上，具有驱邪避瘟、祈福纳吉的美好寓意。小朋友们看一看，这个就是五彩绳。请你说一说，它是由哪五种颜色组成的？

幼儿：绿色的、白色的、红色的、黑色的和黄色的。

教师：你们想不想也做两根属于自己的五彩绳啊？一根自己戴，另一根作为端午节的礼物，送给妈妈或奶奶。咱们一起动手试试吧！

教师出示五种颜色的线绳，将一头打结，引导幼儿顺着一个方向把彩绳搓成五彩绳，然后再把另一头也打个结。教师将搓好的五彩绳系在幼儿的手腕上。

2. 送出端午节的礼物。

引导幼儿将自制的五彩绳带回家，作为端午节的礼物，送给自己的妈妈或奶奶，并说一些祝福的话。

教师：小朋友们每个人都戴上了漂亮的五彩绳。你们可以将另一根五彩绳作为礼物，送给自己的妈妈或奶奶，再说一些祝福的话吧！

小结：今天，咱们一起过了端午节，吃了好吃的粽子，挂了艾草，还制作了驱蚊药水和五彩绳。其实，端午节除了这些，还有在额头上点雄黄酒、喝米酒、佩戴香囊、包粽子、赛龙舟等民俗活动。以后有时间，咱们可以一起做做这些事情。

图 4-8

活动四　冬至吃饺子

活动目标

1. 通过听冬至节气故事，了解冬至吃饺子的习俗和由来。

2. 初步尝试包饺子，能完成简单的操作步骤，提高自我服务的意识和能力。

3. 愿意参与冬至美食制作活动，体验大家一起做事热热闹闹的气氛和生命的活力。

活动准备

饺子图片、面团、白菜、肉馅、调料、面粉、面板、擀面杖、餐具。

活动过程

（一）导入环节

1. 户外体验冬至天气的寒冷。

教师带领幼儿在户外活动，体验因冬至天气寒冷，感觉冻耳朵、冻脸、冻手、冻脚等。

教师：小朋友们，你们知道今天是什么节气吗？今天是冬至，是冬天最冷的一天。咱们在外面活动，你们感觉怎么样？摸摸你的小耳朵、小脸蛋，凉不凉？互相摸摸小手，凉不凉？

幼儿摸摸小耳朵、小脸蛋，互相摸摸小手，感受因为天气寒冷导致露在外面的皮肤冰凉。

小结：今天的天气好冷啊！快用小手焐一焐耳朵，别把耳朵冻掉了。关于冻掉耳朵的事儿，还有一个故事呢！一会儿，咱们回到班里，我再讲给你们听，好不好？

2. 听故事，了解冬至吃饺子习俗的由来。

教师带领幼儿回班，讲述故事《冬至吃饺子的来历》，引导幼儿了解冻耳朵与吃饺子的关系，知道冬至吃饺子习俗的由来。

教师：说起来这冻掉耳朵的事儿，还和吃饺子有关呢！古时候，有个大医师叫张仲景，有一年冬至，他回到老家，看到乡亲们因为天寒地冻，都得了风寒感冒，有的还把耳朵给冻伤了。于是，他让徒弟用胡椒和数味药材加水，熬煮羊骨汤，再用面皮包起羊肉馅，做成耳朵的形状，煮好了，捞出来之后，和羊骨汤一起盛在碗里，端给乡亲们吃。结果，大伙儿的病都好了。那种像耳朵形状的面食就是咱们现在吃的饺子。从那以后，就流传下来冬至吃饺子的习俗了。

（二）基本环节

1. 观察饺子的外形，初步了解饺子的外形像耳朵。

教师出示饺子的图片，引导幼儿观察饺子的外形，说说饺子的形状像什么。

教师：小朋友们，这是什么食物呀？它看起来像什么？

幼儿：饺子，我吃过的。它很像耳朵。

教师：快看看你旁边小朋友的耳朵，和饺子的外形像不像？

引导幼儿对比观察耳朵与饺子，得出两个外形相似的结论。

2. 说说饺子馅儿。

教师：刚才，有的小朋友说吃过饺子，你们都吃过什么馅儿的饺子？

小结：饺子馅儿有菜馅儿、肉馅儿、菜肉混合馅儿。咱们常吃的有三鲜馅儿、猪肉韭菜馅儿、羊肉白菜馅儿、牛肉大葱馅儿。

3. 包饺子。

（1）择菜、洗菜、切菜。

教师：今天，咱们就一起包饺子、吃饺子，准备过冬至喽！

教师：你们每人面前都有一棵白菜，需要你们择菜，把白菜帮子一片一片地剥下来，放在一起。

幼儿动手剥白菜帮儿，并把它们按照一定的方向码放整齐。

教师：接下来，需要把白菜帮儿洗干净，晾干，去除水分。

幼儿将白菜帮儿放在漏筐里，一片一片洗干净，再摊开、晾干。

教师：现在，由老师切白菜。先要把靠近根部的白菜帮儿码齐，然后横着切成丝，再竖着切成碎儿，剁一剁。最后，用纱布包裹切好的白菜馅儿，拧出水分，放在肉馅上，就可以了。

（2）拌饺子馅儿。

教师引导幼儿拌饺子馅儿。

教师：接下来，需要小朋友们拌饺子馅儿啦！拌饺子馅儿的时候，要尽量将肉和菜混合在一起，顺着一个方向搅动。你们可以闻一闻，饺子馅儿香吗？

幼儿轮流尝试拌饺子馅儿，直到将饺子馅儿拌匀为止。

（3）擀饺子皮儿。

教师在桌子上摆上面板，在上面洒一些面粉，取出事先和好的面团，放在面板上揉匀，再分出若干个小面剂子，引导幼儿先将小面剂子搓圆，压扁，再用擀面杖将小面剂子擀成圆形的面皮。

教师：接下来，我们需要准备包饺子用的面皮。我把大面团分成小面团，你们负责把小面团团圆，压扁，再用擀面杖把它擀成圆形，好不好？

幼儿尝试操作，将小面剂子团圆、压扁，擀成圆形面皮。

（4）包饺子。

教师：我在每张桌子中间摆两个盘子，一个用来放擀好的面皮，一个用来放饺子馅儿。咱们一起包饺子吧！

教师给幼儿示范包饺子的方法，引导幼儿模仿学习。

教师：先用勺子盛一些饺子馅儿，把它放在面皮的中间，然后将面皮对折，再把面皮的边捏实。注意不要放太多的馅儿，免得包不上。不要让饺子馅儿露出来，要不然，煮的时候，里面的馅儿就会跑出来，就只能吃面皮啦！包好的饺子放在托盘里，码放整齐。

幼儿尝试操作，教师巡回指导。

图 4-9

图 4-10

4. 吃饺子。

（1）运饺子。

教师引导幼儿将包好的饺子放在托盘里，一起送到食堂，请叔叔、阿姨帮忙煮熟。

教师：小朋友们真棒！咱们的饺子都包好啦！现在，请你们端好托盘，咱们要把饺子送到食堂，请叔叔、阿姨帮咱们把饺子煮熟，然后才能吃到美味又可口的饺子。

图 4-11

（2）吃饺子。

教师将煮好的饺子摆在桌子上，请幼儿品尝自己的劳动成果。

图 4-12

教师：小朋友们，饺子来啦！快来尝尝你们自己包的饺子，好吃不好吃？

吃的时候，注意点儿，别烫着，小口小口地慢慢吃。

幼儿将饺子盛到自己的小碗里，用小勺舀着吃。

（三）结束环节

教师带领幼儿将饺子分出一部分，打包，晚离园时，带回家和爸爸、妈妈分享。再分出一部分，给邻班的幼儿和教师送去，和他们一起分享美味的饺子，共同体验冬至节气活动的快乐。

教师：小朋友们，咱们包了这么多的饺子，吃不完啊！你们想把这么美味的饺子送给谁吃啊？

幼儿：给爸爸、妈妈吃。

幼儿：给别的班的小朋友吃。

教师：好的，那我们把给爸爸、妈妈吃的饺子打好包，晚上离开幼儿园的时候，把它们带回家，让爸爸、妈妈也尝尝咱们自己动手包的饺子。还有一些饺子，咱们可以给邻班的小朋友和老师送过去，让他们也尝尝好吃的饺子，和咱们一起分享吧！

几名幼儿跟着教师一起去给邻班的幼儿、教师送饺子，分享美食和快乐。

活动五　十二生肖

活动目标

1. 通过倾听《十二生肖》故事，初步了解属相的由来及排列顺序。
2. 知道自己和家人的属相，知道十二生肖是由十二种动物组成的。
3. 愿意自制十二生肖头饰并扮演相应的动物参加庆祝活动。

活动准备

十二种小动物的图片、《十二生肖》故事 PPT 课件、十二生肖画好轮廓的头饰、彩色笔或油画棒、音乐《新年好》。

活动过程

（一）导入环节

1. 说属相。

（1）说说自己的属相。

教师头戴自己属相的头饰，向幼儿提问，引起幼儿参与活动的兴趣。

教师：小朋友们，你们知道我是谁吗？我是兔姐姐，这是我的属相，我是属兔的。你知道自己的属相是什么吗？

幼儿：我属猪。

幼儿：妈妈说，我是属狗的。

（2）说说身边人的属相。

教师：老师的属相和小朋友们的不一样，你们还知道谁的属相？

幼儿：我妈妈是属虎的。

2. 听《十二生肖》故事。

教师：咱们班的小朋友，有的是属猪的，有的是属狗的。你们知道属相是怎么来的吗？都有哪些属相呢？下面，老师就给小朋友们讲一个属相由来的小故事。

教师播放《十二生肖》故事 PPT 课件，引导幼儿边听故事边看图片。

教师：传说玉皇大帝正月初九过生日。每年他过生日那天，天下的动物都会来给他祝寿。于是，他打算按照动物前来祝寿的顺序选出十二种动物做守卫，按年轮流值班。如果这一年是老虎来值班，那这一年出生的小宝宝就都是属虎的。这个消息传到了猫和老鼠的耳朵里，它们两个都想成为玉皇大帝的守卫，就相约着一起去给玉皇大帝祝寿。当时，它们两个是邻居。平日里，猫总是欺负老鼠。猫因为贪睡，担心自己早上起不来，于是，它就让老鼠叫醒它，一起去祝寿。老鼠满口答应下来。到了正月初九这天的早上，猫还在呼呼睡大觉，老鼠为了报复猫，没有叫醒它，自己悄悄地上路了。老鼠起得很早，跑得也快。很快，它就来到了一条宽宽的大河边。这下，它可发了愁。河水这么宽，自己又不会游泳，怎么过河呀？没办法，它只好坐在那里，等着其他动物来带它过河。老鼠坐在那里，等了好一会儿，只见大老牛走了过来。老鼠满心欢喜，急忙走上前，恳求牛哥哥帮忙。老牛点点头，同意了。于是，老鼠就趴在了牛背上，和牛一起过了河。上岸后，老鼠还不下来。它眼珠一转，想出了一个主意，它要给老牛唱歌听："牛哥哥，牛哥哥，过小河，爬山坡，驾，驾，快点儿喽！"老牛一听，乐了，撒开四条腿使劲儿跑。很快，它们就来了天宫的大门前。老牛刚要进门，谁知老鼠抢先一步，从牛头上蹿下来，一下子跑到玉帝面前。就这样，老鼠得了第一名，而牛成了第二名。随后，老虎、兔子、龙、蛇、马、羊、猴、鸡、狗、猪也陆续到了。玉帝赐封它们为每年的轮值生。就这样，十二生肖的顺序定了下来。猫因为老鼠没叫它，没赶上玉帝分封，从此与老鼠结下了仇，　　见到老鼠，就扑上去，把它咬死。

图 4-13

图 4-14

（二）基本环节

1. 认识十二生肖动物。

教师：小朋友们，听完了《十二生肖》的故事，你们知道都有哪些动物属于十二生肖了吧？下面，咱们就请出这十二种小动物，请小朋友们说一说吧！

教师出示十二生肖动物图片，引导幼儿说一说相应动物的名称及特征。

2. 给十二生肖头饰涂色。

教师：老师这里有十二生肖动物轮廓图做的头饰，想请小朋友们帮忙，给

图 4-15

它们涂上好看的颜色，你们愿意吗？

教师出示带有十二生肖动物轮廓图的头饰及美术用具，引导幼儿选择自己喜欢的动物头饰，分别给它们涂色。

3. 十二生肖来排队。

教师：下面，我请咱班十二个小朋友，分别扮作十二生肖的动物，请你们帮着他们排排队吧！想一想，它们的顺序是怎样的？哪个动物在前、哪个动物在后呢？

幼儿自愿选择十二生肖头饰并戴好头饰，扮作相应的动物，请全班幼儿参与十二生肖的排队游戏。教师根据情况进行个别指导。

4. 十二生肖来站岗。

教师引导幼儿了解每年的生肖不同，说一说去年和今年的生肖分别是什么，知道生肖为我们站岗，非常辛苦，向生肖表示感谢。

教师：你们还记得去年是哪个生肖站岗的吗？今年又是哪个生肖来站岗呢？

教师：十二生肖轮流给我们站岗，是不是很辛苦啊？你们想对十二生肖说什么呢？

幼儿：感谢十二生肖给我们站岗，你们辛苦啦！

（三）结束环节

1. 十二生肖来庆祝。

教师引导幼儿戴上十二生肖动物头饰，播放音乐《新年好》，和幼儿一起在班里随着音乐节奏跳舞。

教师：新年就要到了！咱们和十二生肖动物一起庆祝，跳舞喽！

2. 十二生肖送祝福。

教师请幼儿戴上十二生肖头饰，扮作十二生肖，带领幼儿给其他班的教师和幼儿送去新年祝福。

教师：十二生肖们，你们准备好了吗？咱们给别的班的老师和小朋友们拜年去吧！也祝贺他们新年好！身体健康！万事如意！走喽，拜年去啦！

（本章由关海燕、张楠、焦壮著）

第五章　传统文化下生命教育课程
之教学活动——中班

活动一　逛　庙　会

活动目标

1. 了解庙会的由来和相关习俗，感受中国传统节日逛庙会的热闹气氛。
2. 通过传统手工艺品的制作，了解庙会文化。
3. 喜欢逛庙会，能遵守活动规则，排队、有序参与活动。

活动准备

各种庙会场景图片、各种庙会美食图片、泥人、灯笼、窗花等手工材料。

活动过程

（一）导入环节

1. 我所知道的庙会。

教师出示各种庙会场景图片，引导幼儿回忆曾经去过的庙会，说一说庙会有哪些活动内容。

教师：小朋友们有没有逛过庙会？请你们说一说，庙会有哪些好玩的、好吃的？

幼儿：我去年春节的时候，和爸爸、妈妈一起逛过庙会。庙会上有舞龙、舞狮表演，还有耍杂技的，有很多好吃的、好玩的，可有意思了。

幼儿：我也去过庙会，庙会有各种风味小吃，驴打滚、艾窝窝、一米长的大糖葫芦、烤羊肉串儿，可惜我的肚子太小了，都吃不下了。

2. 庙会的种类。

教师引导幼儿回忆参加的是哪里的庙会，了解庙会的种类。

教师：小朋友们都参加过哪里举办的庙会？这些庙会有什么相同和不同吗？

幼儿：我去过地坛庙会。

幼儿：我去过龙潭湖庙会。

　　小结：小朋友们去过那么多地方举办的庙会，这些庙会有寺庙、道观举办的庙会，像潭柘寺庙会、红螺寺庙会、白云观庙会，有旅游景点举办的庙会，像大观园庙会、石景山游乐园庙会、龙潭湖庙会。它们确实各不相同，各有各的特色。

（二）基本环节

1. 庙会的由来。

　　教师讲述庙会的由来，引导幼儿了解庙会的历史及文化。

　　教师：小朋友们，你们知道吗，庙会最早来自寺庙。古时候，每到大年初一、初五、正月十五，人们都会去庙里烧香许愿，希望神佛保佑一家人平安健康。因此，最早的庙会就是由寺庙举行，由寺庙里的主持、方丈主持一些隆重的祭祀活动。同时，因为来的人比较多、比较热闹，也会有一些小摊贩去那里卖货，那时的庙会又叫"庙市"，人们可以在庙会上买一些年货。后来，才逐渐变成今天的庙会，增加了一些娱乐项目和各种地方风味特色小吃，增加庙会的年味儿和热闹。

2. 庙会美食。

　　教师出示各种庙会美食图片，引导幼儿说一说喜欢吃哪些美食、为什么。

　　教师：小朋友们，快看，这里有很多庙会上的美食图片，看看你们吃过吗？说说你喜欢吃哪些美食？为什么？

　　幼儿：我喜欢吃糖葫芦，又大又圆的糖葫芦，酸酸甜甜的，很好吃！

　　幼儿：我喜欢吃烤羊肉串儿，长长的一大根羊肉串儿，香香的，吃起来好过瘾！

　　幼儿：我喜欢吃艾窝窝，我妈妈说它是用糯米做的，里面有馅儿，吃起来黏黏的，还有桂花的香味。

3. 体验制作庙会的手工艺品。

　　（1）教师出示庙会手工艺品制作材料，引导幼儿选择自己喜欢的材料，进行手工艺品的制作。

　　教师：小朋友们都知道庙会有各种好吃的、好玩的，还有很多民间手工艺品售卖。今天，咱们就自己动手制作一些手工艺品。这里有许多泥人、灯笼和窗花的制作材料，请小朋友们选择自己喜欢的手工艺品制作材料。每个人到前面领一份材料，回座位坐好。

　　（2）教师边示范手工艺品制作的方法边讲解，引导幼儿仔细观看，学习相关的制作方法。

　　教师：不同的手工艺品制作的方法不同。下面，我们三个老师每人负责带领一组小朋友进行制作。老师们会先教给小朋友们具体的制作步骤，带着你们一步一步地完成手工艺品，你们有没有信心学会？

幼儿：有，我们会跟着老师一步一步地完成手工制作。

（3）教师根据幼儿选择的材料，给幼儿分组，分为泥人组、灯笼组、窗花组，三位教师分别进组指导。

（4）教师引导幼儿展示自己的作品，与同伴交流并分享作品。

（三）结束环节

教师引导幼儿在春节期间，让家长带领自己参加各种庙会，了解庙会文化及相关习俗。

教师：春节快要到了，咱们北京也有几处庙会，像地坛庙会、白云观庙会、龙潭湖庙会、石景山游乐园的洋庙会……小朋友们可以和家长一起去逛庙会，吃一些庙会美食、玩一些庙会游艺项目，体验真正的庙会文化和相关的习俗。回来再和小朋友们分享你在庙会上见到的有趣的事儿。

活动二　香香的茶

活动目标

1. 运用多种感官感知不同的茶叶，了解采茶、制茶的过程。

2. 通过冲泡茶叶，观察茶叶在热水中的变化。

3. 学会敬茶礼仪，表达对长辈的尊敬和关心。

活动准备

《采茶歌》视频、《制茶》视频，各种茶（红茶、绿茶、茉莉花茶等），透明玻璃杯、牛奶、蜂蜜、热水壶、记录单、笔等。

活动过程

（一）导入环节

教师播放《采茶歌》视频，引导幼儿欣赏视频，了解采茶的过程，感受采茶的不易和辛苦。

教师：小朋友们听过《采茶歌》吗？老师这里有视频，咱们一起来看看，山里的采茶女是如何采茶的。

教师：你们看完视频之后，有什么感觉？采茶女采的茶叶是茶树哪个位置的叶子？茶园美不美？你从哪里可以看出采茶女很辛苦？

幼儿：我刚才看到那个茶叶是茶树树枝上长得最嫩的叶尖。采茶女把那个叶尖采下来后，放进了身后的背篓里。

教师：这个小朋友观察得很仔细，他看到那个茶叶是长得最嫩的叶子尖。还有谁有新的发现？

幼儿：我看到茶园好大啊，茶树一丛一丛的，都是种在山坡上的，绿绿的茶园很美。

幼儿：我看到采茶女擦汗来着，说明她很辛苦。

教师：是的，茶树一般都会种在朝阳的山坡上，光照效果好的地方。因此，采茶的时候，也会很晒，所以采茶女要戴着防晒的大草帽采茶。采茶女摘下的都是茶树上最嫩的叶子或嫩芽，还只是小小的一片，你们想想要想采满一背篓，需要采摘多少片才行。采茶女采摘茶叶的时候，还要看得准才行，手还要快，确实是一件不容易的事，很辛苦。

图 5-1

（二）基本环节

1. 多感官感知不同的茶叶。

教师出示各种茶（红茶、绿茶、茉莉花茶等），引导幼儿多感官感知茶叶的不同。

（1）看一看。

教师将各种不同的茶放在托盘里，便于幼儿观察和比较。

教师：小朋友们看看，这是不同的茶叶，它们的外形、颜色是不是都不一样？

（2）摸一摸。

教师让幼儿（活动前洗干净手）用手摸一摸干的茶叶，感受一下不同茶叶条索表面的粗糙或顺滑。

（3）闻一闻。

教师引导幼儿闻一闻干的茶叶，不同的茶叶有不同的香气。

2. 观看视频，了解制茶过程。

教师播放《制茶》视频，引导幼儿观看，了解制茶过程。

教师：小朋友们看一下《制茶》的视频，了解一下制茶的过程。

教师：一般来说，不同的茶叶制作方法不同。红茶的制作方法分为四个步骤，先是把采下来的茶叶用晾晒或室内加温的方式去除茶叶的水气，让它变蔫了。再把叶片搓卷成条形，然后用湿布盖住，让茶叶发酵，最后通过加热把茶叶烘干，茶叶就做好了。我说得比较简单，实际上，制作的过程更为严格、细致，也是很不容易的。

图 5-2

3. 冲泡茶叶，品茶，观察茶叶的变化。

教师将不同的茶叶放进透明的玻璃杯里，再用热水冲泡茶叶，引导幼儿观察茶叶的变化，注意茶水的颜色变化、茶叶的外形变化，并用笔记录下来。

教师：小朋友们，现在我们开始泡茶。我往不同的茶杯里倒热水，你们仔细观察茶叶有什么变化？再看看，茶水的颜色有什么变化？用笔把它记下来。

幼儿观察并对比冲泡不同的茶叶时，茶水颜色和茶叶外形会有不同的变化，将其记录在纸上。

（三）结束环节

1. 幼儿之间互相交流、品尝冲泡好的茶。

教师：香香的茶泡好了！闻一闻，好香啊！快来尝一尝吧！

幼儿与好朋友分享香香的茶，说说它们的不同。

教师：刚才，有的小朋友说茶是苦的、涩的，怎样才能让茶变得好喝呢？

教师引导幼儿根据以往的生活经验，可以在茶里加入牛奶、蜂蜜，让茶变得好喝。

图 5-3

2. 幼儿展示自己的观察记录结果，分享自己的发现。

教师：咱们来看看小朋友们记录的茶叶有什么不同吧！

3. 学习敬茶礼仪，回家后向长辈敬茶。

教师：今天，小朋友们品尝了各种不同的茶。晚上回到家里，要和自己的爷爷、奶奶、爸爸、妈妈分享香香的茶，让他们也感受一下喝茶的乐趣。

教师：小朋友们给家长倒茶的时候，一定要注意茶水不要太烫了。倒茶水的时候，小心一点，不要倒得太快，也不要倒得太满，要不然，端茶的时候，茶水容易洒出来。

教师：敬茶的时候，要有长幼顺序。先给家里年龄最大的老人敬茶，比如爷爷、奶奶、姥爷、姥姥，然后再给爸爸、妈妈敬茶。

教师：给长辈敬茶的时候，要双脚站好，双手端着茶杯，微微弯腰，嘴里还要说"爷爷请用茶"，这就是敬茶的礼仪，小朋友们一起学一学。

活动三　粒粒皆辛苦

活动目标

1. 了解米饭是怎么来的，从而感受粮食来之不易。

2. 通过操作感知农民伯伯和厨师的辛苦，对他们怀有感恩之心。

3. 懂得珍惜粮食，在行动中培养幼儿的感恩之心。

活动准备

大米（实物）、大米生产过程的图片、常吃的主食图片（包括米饭、馒头、包子、花卷、窝头、烙饼、面条、年糕、米粉)、一碗米饭(实物)、古诗《悯农》。

活动过程

(一)导入环节

谈话导入：粮食的由来。

1. 教师出示大米(实物)，引导幼儿猜想粮食是从哪里来的。

教师：小朋友们一起看一看，这是什么？

幼儿：大米。

教师：你们知道大米是怎么来的吗？

幼儿：从超市买回来的。

幼儿：从地里种出来的。

2. 教师出示大米生产过程的图片，引导幼儿观看。

小结：农民伯伯在水田里插秧，种下水稻，等水稻成熟，就会收割水稻，然后运到粮食加工厂加工，去掉外壳，制成大米，装袋，再从加工厂把大米运到超市售卖，家里人从超市买回大米，这就是大米的由来。整个过程需要经过许多不同人的辛勤付出，我们才能见到大米、吃到大米，比如种地的农民伯伯、加工厂的工人、运输大米的物流司机、超市的理货员、收银员，还有我们的家人。

(二)基本环节

1. 认识常吃的主食，能区分粮食的品种。

教师出示常吃的主食图片，引导幼儿说说它们都是用什么粮食做的。

教师：小朋友们看看，这些都是咱们常吃的主食。请你们说一说，有哪些主食？

幼儿：米饭、馒头、包子、花卷、窝头、烙饼、面条、年糕、米粉。

教师：你们知道这些主食分别是用什么粮食做的吗？

幼儿：我知道米饭是用大米做的。

幼儿：我知道馒头、包子、花卷、面条是用面粉做的。

幼儿：我知道窝头是用玉米面做的。

幼儿：我知道年糕是用糯米粉做的。

教师：你们说对了，真棒！你们说出了这么多不同的粮食，看来是知道不同的粮食有哪些。其实大米是用水稻做的，面粉是用小麦做的，玉米面是用玉米做的，糯米粉是用糯米做的。这些都是常见的粮食。粮食的种类有很多，比如小米、燕麦、荞麦等。

2. 米饭的由来。

教师出示一碗米饭（实物），引导幼儿观察并提问。

教师：米饭作为我们中国人常吃的主食，你知道它是怎么来的吗？

幼儿：我妈妈蒸出来的。

教师：米饭是用大米加水蒸出来的。但是，蒸之前，先要把大米淘洗干净，再加水泡几分钟，然后才能蒸出好吃的米饭。

图 5-4

图 5-5

3. 学习《悯农》古诗，感恩农民伯伯的辛苦。

教师：今天，我们就来学习一首古诗，古诗的名字叫"悯农"。

教师有感情地朗诵古诗，引导幼儿理解古诗的含义。

教师：古诗里的农民伯伯是在什么情况下给田里的禾苗锄草的？

幼儿：烈日炎炎，天气很热。

幼儿：中午的时候。

教师：这首古诗告诉我们，要珍惜每一粒粮食，因为它们都是农民伯伯在烈日炎炎的劳作下，从地里种出来的，非常辛苦、非常不容易。以后，小朋友们在吃饭的时候，要怎么做呢？

幼儿：吃饭的时候要注意，不要掉米粒。

幼儿：要把饭菜都吃光，提倡"光盘行动"。

教师：小朋友们吃饭的时候，不要浪费粮食，要想到这些都是农民伯伯辛苦付出换来的。一碗大米饭还包含着厨房的叔叔、阿姨们、我们的父母们辛苦的付出，来之不易，更要珍惜。

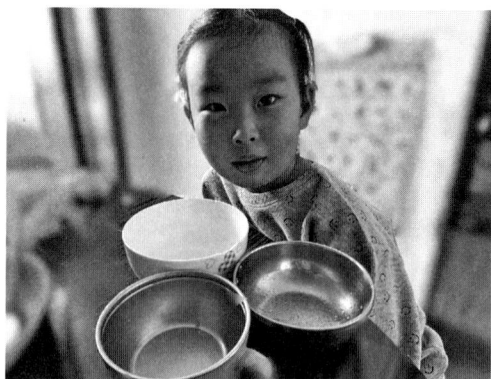

图 5-6

（三）结束环节

教师引导幼儿朗读古诗，感恩阳光对禾苗的照射，感恩雨水对禾苗的滋润，感恩农民伯伯的辛勤劳动，感恩身边人对自己的照顾和关爱。

教师：我们一起带着感恩的心，读一读这首古诗吧！

活动四　九九重阳节

活动目标

1. 通过活动体验人老了之后，由于身体的不便给生活带来的麻烦，能换位思考学习照顾家中老人的方法。

2. 为重阳节出游设计需要为家中老人准备的物品，懂得从细节出发关心、照顾老人。

3. 愿意陪伴老人，懂得生活中要尊重、爱戴、照料长辈。

活动准备

有公历和农历的日历、自制半透明塑料眼镜、两个沙袋、幼儿绘制登山材料手册、帐篷、防潮垫、保温杯、食物、水、照相机、小药箱等。

活动过程

（一）导入环节

1. 话重阳。

教师谈话导入，通过提问引起幼儿对重阳节的关注。

教师：小朋友们，你们知道什么是重阳节吗？有没有小朋友的家里过过重阳节？

幼儿：我们家给爷爷、奶奶过了重阳节。我妈妈说重阳节就是老人节，是老人过的节日。

教师：这个小朋友说得没错，重阳节也叫"老人节"，是给老人过的节日。那你们知道重阳节是哪一天吗？

2. 找重阳。

教师出示日历，引导幼儿认识日历中的公历和农历，找出农历九月初九的日历。

教师：小朋友们看看这个日历，上面有两种日期，一个是公历，就是我们平时经常用到的日期。另一个是农历，是我们国家特有的日历，也叫"阴历"。农历九月初九就是重阳节。因为是九月初九，有两个"九"，古人认为"九"这个数字是单数数字里最大的，视为阳，所以自古有"九九重阳"的说法。同时，人们还认为"九九"与"长长久久"谐音，有健康长寿的寓意，希望家里的老人都能健康长寿，所以就把"九九重阳节"定为"老人节"了。

教师：请你从日历中找到农历九月初九重阳节吧！

幼儿翻看日历，找到重阳节这一天。

（二）基本环节

1. 体验老人的辛苦。

（1）眼花了，看不清东西。

教师引导幼儿通过戴上自制半透明塑料片粘贴的眼镜，体验人老之后，眼睛花了，看不清东西的感觉。

教师：小朋友们，你们的爷爷、奶奶看东西是什么样儿的？他们看报纸或者电视的时候，需要戴老花镜吗？

幼儿：我奶奶说她看不清电视屏幕下面的字幕，需要戴上老花镜。

教师：老师这里有几副用半透明塑料片制成的眼镜，谁想体验一下？可以到前面试着戴一下，看看周围的景物。

几名幼儿举手示意，到前面戴上自制眼镜进行体验。

教师：请这几个小朋友说说，你们戴上眼镜，看东西时，感觉怎么样？

幼儿：老师，我看不清楚，看什么都是模糊的。

教师：这就是人老了之后，眼睛花了或者有的老人眼睛得了白内障看东西的感觉，眼前都是模糊一片，看不清东西。眼花的老人可以借助老花镜看东西，因为老花镜可以放大物体，让老人看得更清楚。得了白内障的老人就需要去医院治疗，才能看清楚东西。

（2）腿脚不方便，走不快。

教师引导幼儿尝试在两个小腿肚上绑上沙袋，负重走路，体验老人腿脚不便、走路走不快的感觉。

教师：人老了之后，腿脚也会变得不方便。请几个小朋友到前面来体验一下老人走路的感觉。

幼儿举手示意，教师请几名幼儿到前面，分别给他们的小腿肚上绑上沉重的沙袋，让他们走几步试一试，并说说自己的感受。

幼儿：老师，我感觉腿都抬不起来了，太重了。

教师：这个小朋友形容得非常形象。对于上了岁数的老人来说，走路就像是小腿肚上绑着沉重的沙袋，腿都抬不起来。有的老人两条腿就是在地上拖着走，迈不开步。

2. 设计重阳节秋游活动。

（1）教师引导幼儿设计重阳节秋游活动。

教师：重阳节快到了，咱们幼儿园要组织小朋友和家里的老人一起去秋游，看看秋天的美景。下面，请你们分组讨论一下，什么样的活动适合什么类型的老人？讨论完之后，把你们讨论的结果画出来，一会儿给大家分享。

（2）幼儿分组讨论，将讨论的结果画出来并分享。

幼儿：这是我们小组画的重阳节秋游准备图。考虑到老人腿脚不方便，我们就不安排这些老人爬山了，可以找一些山脚下有湖水的地方，让这些腿脚不方便的老人休息，看看山景、水景。对于那些腿脚没有问题的老人，可以一起去爬山。爬山的时候，可以给他们准备登山杖、坐垫。登山杖方便行走的路上支撑身体，坐垫可以让他们累了之后，随时坐下来休息。

幼儿：我们小组是这样设计的。出去玩的时候，提醒老人穿上防滑鞋，走过路上有积水的地方，避免滑倒。还有就是我奶奶说她不爱喝凉水，可以提前准备好温度合适的水，装进保温杯里。这样，路上口渴的时候，可以随时拿出来喝。如果路上天气炎热，可以戴上遮阳帽，尽量不要打伞。还要准备一些纸巾，用来擦汗。

小结：小朋友们想得可真周到啊！看来，你们经常和爷爷、奶奶一起出游，对他们的情况还挺了解的。人老了之后，身体各方面都跟不上，确实有很多地方力不从心。平时，爷爷、奶奶们总是照顾我们，这次也让我们来照顾照顾他们吧！出游的时候，还要尽量给老人找座位，为他们端水、送食物、倒垃圾，遇到有台阶的地方扶一把，照顾好他们，避免出现意外。

（三）结束环节

1. 生活中照顾老人的方法。

教师引导幼儿想想如何在日常生活中照顾老人饮食、起居。

教师：小朋友们小的时候，都是爷爷、奶奶照顾着，非常用心、细心、耐心。现在，我们长大了，可以照顾爷爷、奶奶了。想一想，日常生活中，我们应该怎么照顾爷爷、奶奶呢？

幼儿：在家里可以给爷爷、奶奶拿拖鞋、端东西、扫地、摆碗筷，他们累了，可以给他们捶捶背、敲敲腿。

幼儿：我可以帮爷爷浇花，出门帮他拎东西，把他常用的东西收集在一个小盒子里，方便他找到。

图 5-7

2. 为老人送祝福。

教师引导幼儿在重阳节这一天，给家里的老人送上美好的祝福。

教师：重阳节是你们爷爷、奶奶过节的日子。你想给他们送上哪些祝福的话呢？你可以悄悄地告诉他们。

幼儿：我可以祝爷爷、奶奶身体健康、万事如意！

幼儿：我会祝爷爷、奶奶开开心心地度过每一天！

活动五　美味年夜饭

活动目标

1. 了解吃年夜饭是春节过年的习俗。
2. 设计年夜饭的菜谱，感受过年时家人团聚快乐而热闹的场面与气氛。
3. 喜欢和家人一起过年，乐于与同伴、家人分享自己的感受。

活动准备

《美味年夜饭》PPT 课件、音乐《喜洋洋》、大画纸、彩色笔。

活动过程

（一）导入环节

教师和幼儿一起回忆过年时的情景，如贴春联、赏花灯、拜年、包饺子、吃年夜饭等。

教师：小朋友们，你们是怎样过年的？都有哪些活动啊？

幼儿：贴"福"字、贴春联、贴门神。

幼儿：挂红灯笼、看春晚节目、拜年。

幼儿：包饺子、吃年夜饭。

（二）基本环节

1. 了解年夜饭的意义。

教师播放《美味年夜饭》PPT课件，出示全家人围坐在一起的图片。

教师：小朋友们看一看，餐桌前都有谁？

幼儿：爷爷、奶奶、爸爸、妈妈、宝宝。

教师：他们坐在一起干什么呢？

幼儿：全家人围坐在一起吃饭呢！

小结：春节是中国人的传统节日，也是最重要的节日。每逢除夕之夜，家家户户张灯结彩，全家人团聚在一起，一边看春节晚会，一边包饺子，准备丰盛的年夜饭。只有除夕之夜，一家人一起吃的饭才叫"年夜饭"。

2. 看看年夜饭吃什么。

教师播放《美味年夜饭》PPT课件，出示几种美食图片，运用拖拽的方式依次把美食图片放到"桌子"上。

教师：小朋友们快看，这是家里人准备的、丰盛的年夜饭！一起看看都有什么菜。

幼儿：红烧鱼。

幼儿：炸大虾。

幼儿：米粉肉。

教师：小朋友们看了这么多道菜，你最喜欢吃哪道菜，它叫什么名字，是什么味道的、什么颜色的。

幼儿：我最喜欢吃粉蒸排骨，它吃起来香香的、软软的、黏黏的，它是粉红色的，是在排骨的外面裹了一层糯米，很好吃。

幼儿：我最喜欢吃松鼠鳜鱼了，它是用鳜鱼做的，吃起来外焦里嫩，酸酸甜甜的，它是橘红色的。是用鱼肉炸的，好像盛开的菊花，非常漂亮！

小结：这一桌子的年夜饭好丰盛啊！有红烧鱼、炸大虾、米粉肉、炸鸡翅、烤鸭、烧鹅……你知道吗，年夜饭是很讲究的，还有很多美好的寓意在里面。吃鱼表示"年年有余"。吃火锅表示"日子过得红红火火"。吃年糕表示"步步高升"。吃饺子表示"喜庆团圆"。吃鸡肉表示"吉祥如意"。看来，咱们吃的不仅是美味的年夜饭，更是有着美好寓意的年夜饭，是一家人对未来美好生活的期盼与祝福。

3. 设计年夜饭菜谱。

（1）提出设计年夜饭菜谱的要求。

教师引导幼儿按照荤素搭配、营养丰富、寓意美好的原则，设计有热菜、凉菜、汤、主食、甜点等的年夜饭菜谱。

教师：小朋友们，下面就请你们设计属于你们自己的年夜饭菜谱，要求要有荤有素。什么是荤菜呢？荤菜就是肉菜，要有各种肉类，可以是鸡、鸭、鱼、大虾、螃蟹、牛肉、羊肉等。什么是素菜呢？素菜就是以蔬菜为主的菜，包括蒜薹、

图 5-8

豆角、香菇、茄子、冬瓜等，还可以有各种豆制品、奶制品。总之，年夜饭的菜谱要突出营养丰富、寓意美好的原则。请你们分组设计美味的年夜饭菜谱吧！

（2）分组设计年夜饭菜谱。

幼儿分组讨论，商量并确定年夜饭菜谱，共同将菜谱上的菜画在一张大纸上。

（3）集体分享年夜饭菜谱。

请一名幼儿代表小组成员在前面发言，分享本组幼儿共同设计的年夜饭菜谱，说说都有哪些菜以及为什么要这样设计。

4. 游戏"点豆豆"。

教师播放音乐《喜洋洋》，带领幼儿玩"点豆豆"的游戏。幼儿扮作豆豆，教师边说儿歌边依次拍幼儿的肩膀点豆豆，点到哪个豆豆，就请他站起来说出年夜饭的一道菜名。如果幼儿无法说出菜名，就请他为大家表演一个节目。要求每个人说的菜名都不一样，不能重复。

附儿歌：

点 豆 豆

点、点、点豆豆，

点到一颗甜豆豆。

（三）结束环节

教师引导幼儿将自己设计的年夜饭菜谱带回家，与家人分享，也可以问问家里人，家里的年夜饭还会吃到哪些美食。

教师：小朋友们可以将自己设计的年夜饭菜谱带回家，和爸爸、妈妈、爷爷、奶奶共同分享，问问他们喜欢吃什么菜，每年家里的年夜饭还会吃到哪些美食，共同设计今年除夕的年夜饭菜谱。

（本章由关海燕、刘千千、李磊著）

第六章 传统文化下生命教育课程之教学活动——大班

活动一 过 年

【活动目标】

1. 通过故事讲述，了解春节的来历和相关习俗。
2. 根据想象画出年兽、与同伴玩抓年兽的游戏，发展幼儿的想象力和创造力。
3. 愿意与同伴分享自己的新年愿望，关注家人的新年愿望，说出祝福的话。

【活动准备】

《过年》PPT课件、白色画纸、彩色笔。

【活动过程】

（一）导入环节

1. 过年之前会做哪些事情。

教师引导幼儿回忆自己和家人一起过年的情形，说一说过年都会做哪些事情。

教师：小朋友们，马上就要过年了。你从哪里知道快要过年了？

幼儿：我看到幼儿园的大门口挂起了红灯笼，马路的两边也挂着呢！

幼儿：我和爸爸、妈妈一起去买了很多好吃的、好玩的，还有"福"字。

幼儿：妈妈告诉我快要过年了，还给我买了一身新衣服。

2. 过年时会做哪些事情。

教师：你们喜欢过年吗？过年的时候，家里人都会一起做哪些事情？

幼儿：我喜欢过年，过年可以吃很多好吃的，还可以收到很多的礼物和红包。

幼儿：过年的时候，爸爸、妈妈会带着我一起去放鞭炮、放烟花，特别好看！

91

幼儿：我们家过年的时候，会包饺子吃。

幼儿：过年了，家里会贴"福"字、贴春联，还会挂上中国结。

教师引导幼儿互相说说过年时吃年夜饭、放烟花、贴"福"字等活动，了解过年的习俗。

（二）基本环节

1. 讲述《过年》的故事。

教师：小朋友们，春节是我国传统的节日，过春节也叫"过年"。每逢大年初一，人们见面都要说"过年好"，为什么这么说呢？过年的时候，为什么要贴春联、放鞭炮呢？这还有个故事呢！听完故事，你们就知道了。

教师讲述《过年》的故事，引导幼儿了解有关"过年"说法的来历，想象"年"兽的样子。

图 6-1

图 6-2

附故事：

过　　年

古时候，有一只叫"年"的怪兽。它平时住在海底，每到除夕就会跑到村子里吃人和牲畜。因此，每年除夕，人们都不敢待在村子里，全家老小一起逃到深山里躲避。

有一年除夕，大家正准备离开的时候，来了一位白胡子老爷爷。他说自己能赶走年兽，让大家不要走。可是谁也不相信他的话，都劝他也一起逃命去。白胡子老爷爷执意要留下来，大家没办法，也只好同意。第二天早上，人们从山里回到村子里，看到白胡子老爷爷还在那里，身上一点儿伤也没有，都非常惊讶！白胡子老爷爷告诉人们，年兽最怕红色、火光和炸雷，因此，只要到处都贴上红色的对联、窗花、"福"字，点上火烛，再把竹子放到火堆里烧，发出"噼噼啪啪"的响声，就会赶走年兽。

从此，每年除夕，人们都贴对联、放鞭炮，庆祝新年。

2. 画年兽。

教师引导幼儿根据故事想象年兽的样子，并画出年兽。

教师：小朋友们，故事里说到"年"是一种很可怕的怪兽，平时住在海底，每到除夕就会跑到村子里吃人和牲畜。你们见过"年"吗？它长的什么样儿呢？把你想象的"年"画出来吧！

幼儿自由想象、创作，教师巡回指导。

3. 抓年兽。

教师引导幼儿分为两组，一组幼儿负责将幼儿画的年兽藏在教室的不同位置，另一组幼儿负责抓年兽。数一数，一共抓到多少只年兽。两组交换角色，比一比，看看哪组抓到的年兽多，哪组获胜。

（三）结束环节

1. 说出新年愿望。

教师引导幼儿说说自己的新年愿望。幼儿分组讲述并交流，说说哪些愿望是合理的、能够实现的。

教师：春节过后，新的一年就开始了。小朋友们希望在新的一年里，实现哪些愿望呢？请你们想一想，说一说。

教师：小朋友们的愿望都很美好！同一桌的小朋友们可以互相分享一下自己的愿望，说说哪些愿望是合理的、能够实现的。

2. 画出新年愿望。

教师引导幼儿画出自己的新年愿望。幼儿根据自己的愿望进行创作，画出《新年愿望》的作品并分享。

3. 延伸活动。

教师引导幼儿回到家里，问问家人的新年愿望，活动自然结束。

教师：快要过年了，每个人都会有一些新年愿望。你们知道爷爷、奶奶、爸爸、妈妈的新年愿望是什么吗？请你回到家里问问他们，说说一些吉利话，也可以祝福他们，希望他们也能实现自己的新年愿望。

图 6-3

活动二 三伏美食

活动目标

1. 了解三伏天的气候特点，知道三伏的相关美食习俗。

2. 尝试制作三伏凉面，掌握相关的制作步骤和方法。

3. 愿意和同伴、教师共同分享三伏凉面，对食堂的厨师们表示感谢。

活动准备

《三伏美食》PPT 课件（各地三伏美食图片），面团、擀面杖、面板、菜刀、面粉等，时令蔬菜（如黄瓜丝、绿豆芽、胡萝卜丝、秋葵丁等），各种调料（如芝麻酱、酱油、醋、糖、甜面酱、番茄酱、香油、花生碎等），盘子、筷子、托盘等。

活动过程

（一）导入环节

1. 三伏话美食。

教师通过谈话导入，提出问题，引出三伏美食的话题。

教师：小朋友们，现在开始数伏了，每十天为一伏，一共有三伏。进入三伏天，天气也越来越热了。每天，我们都会出很多的汗，这就是人们常说的"苦夏"，因为天气炎热，所以没有胃口，吃不下饭。你们说说，该吃些什么来补充营养呢？

幼儿：吃冰镇的大西瓜。

幼儿：吃西红柿炒鸡蛋。

2. 各地三伏美食。

教师播放《三伏美食》PPT课件，引导幼儿观看并了解各地三伏美食。

教师：老北京有句美食谚语，叫"头伏饺子二伏面，三伏烙饼摊鸡蛋"。你们听说过吗？老师这里还有很多各地的三伏美食图片，请你们看一看，说说你觉得哪些美食好吃。

图 6-4

（二）基本环节

1. 三伏吃新的习俗。

教师引导幼儿了解"三伏吃新"的习俗，知道三伏天有哪些食物是新鲜的，以及三伏天吃什么对身体健康有好处。

教师：三伏天，会收获很多新鲜的粮食和蔬菜。民间也有"三伏吃新"的习俗。你知道三伏天有哪些新鲜的粮食和蔬菜可以让我们吃吗？请你说一说。

幼儿：黄瓜、西红柿、茄子。

小结：三伏天，新长出来的小麦磨成新面粉，可以做各种面食。三伏天，暑气比较重，吃冬瓜、丝瓜、黄瓜，可以利尿、解暑。喝一些绿豆汤、酸梅汤、银耳莲子汤，可以去暑、解热。这些食物对我们的身体健康有好处，可以多吃一些。

2. 制作三伏凉面。

（1）做面条。

教师播放《三伏美食》PPT课件，出示其中的三伏凉面图片，引导幼儿猜测制作凉面的方法。

教师：小朋友们看一看，要想制作三伏凉面，需要准备哪些材料？

幼儿：面条、蔬菜、芝麻酱。

教师出示面团、擀面杖和面板等，引导幼儿尝试自己动手制作面条。

教师：小朋友们看看这些是什么？今天，咱们要制作面条，需要用到面团、擀面杖、面板。先要将面团放在面板上揉一揉，这样做好的面条吃起来才会更筋道儿。再拿起擀面杖，把面团擀成圆圆的面饼，可以用擀面杖把面团向不同的方向擀，要用力向下压。等到面饼擀好了，小朋友就可以告诉老师，由老师来帮你们把面饼像这样叠好，再用菜刀切成条。（拎起其中的一根面条）看，面条做好了。小朋友们，可以动手试一试。

幼儿按照教师示范的制作面条步骤，动手制作面条。教师巡回指导，提醒幼儿为了不让面团粘在手上或面板上，可以在手上或面板上撒一些面粉。

幼儿擀好面饼后，由教师帮忙切成面条。过程中，注意安全。

（2）煮面条。

教师引导幼儿将制作好的面条放在托盘里，端着去食堂，请食堂的厨师们帮忙煮熟。

教师：小朋友们，面条做好啦！接下来，咱们就把面条放在托盘里，端到食堂去，请食堂的叔叔、阿姨们帮咱们把面条煮熟吧！

3. 吃三伏凉面。

教师将煮好的面条分给每个幼儿，引导他们根据自己喜欢的口味，放一些菜码和调料，提醒幼儿别太咸了。

教师：小朋友们，咱们自己制作的面条煮好啦！接下来，我们要变身大厨，给面条放一些菜码，这里有黄瓜丝、绿豆芽、胡萝卜丝、秋葵等，这边还有各种不同的调料，芝麻酱、酱油、醋、糖、甜面酱、番茄酱、香油、花生碎等。小朋友们可以根据自己喜欢的口味添加美味的蔬菜和调料，调制出色、香、味俱全的三伏凉面。

幼儿根据自己的喜好添加各种菜码和调料，将面条搅拌均匀，品尝自制的三伏凉面，感受成功的喜悦和自制美食的乐趣。

图 6-5

（三）结束环节

分享三伏凉面。

教师：美味的三伏凉面拌好了，这么好吃的凉面是谁帮我们煮出来的？

幼儿：食堂的叔叔、阿姨们。

教师：天气这么热，厨房里还要点火炒菜、做饭，食堂的叔叔、阿姨们每天给小朋友们做饭，是不是很辛苦啊？为了感谢他们，我们也给他们送去一份拌好的凉面吧！

教师带领幼儿将拌好的凉面送到食堂，请食堂的厨师们品尝，感恩他们的辛勤付出。

活动三 《静夜思》

活动目标

1. 学会诵读古诗《静夜思》，了解作者创作古诗时的心境。

2. 尝试背诵古诗，理解古诗所表达的意思，体会古诗的韵律和诗词意境。

3. 愿意与他人分享自己的体会，体会诗人思念故乡亲人的感情。

活动准备

月亮的夜空图片、古诗《静夜思》PPT 课件及动画视频。

活动过程

（一）导入环节

教师出示有月亮的夜空图片，引导幼儿观察夜空中有什么。

幼儿园传统文化下的生命教育课程

教师：小朋友们，你们看到了什么？

幼儿：蓝色的天空上，有月亮。

幼儿：还有星星。

教师：今天，我们就来讲一首与月亮有关的古诗。

（二）基本环节

1. 讲述古诗的背景故事。

教师讲述古诗《静夜思》的背景故事，引导幼儿了解诗人创作古诗时的心情。

教师：在这晴朗的夜空里，有许多星星一闪一闪、亮晶晶的。一轮又大又圆的月亮挂在深蓝色的天空中，好美！古时候，有一位叫"李白"的诗人在外面游历。他已经很久都没有回家了。在这静静的夜晚，面对这圆圆的月亮，他想起了远在家乡的亲人。于是，写下了这首古诗——《静夜思》。

2. 看视频，理解古诗含义。

（1）教师播放古诗《静夜思》的动画视频，引导幼儿观看并理解古诗的含义。

教师：小朋友们，咱们一起看看《静夜思》的动画片。看完之后，说说这首古诗讲的是什么？你是怎么理解这首古诗的？

（2）教师通过提问，引导幼儿进一步理解古诗诗句和词语的意思。

教师：古诗中为什么说"床前明月光，疑是地上霜"？月光照在地上，怎么就被看成霜了呢？

教师：诗中所说的"举头"就是抬头的意思，"低头"就是低下头的意思。诗人在抬头和低头的时候，分别看到了什么、想到了什么？

教师：诗人李白在古诗中说道"低头思故乡"，你能说说他在想故乡的什么吗？

附古诗：

静 夜 思
文/〔唐〕李白

床前明月光，

疑是地上霜。

举头望明月，

低头思故乡。

3. 诵读古诗，感受古诗的韵律美、意境美。

（1）教师诵读古诗。

教师有感情地朗诵古诗，通过提问引导幼儿换位思考，进一步理解诗人写

98

诗的心境。

教师：听完这首古诗，你想到了什么？

教师：如果你离开爸爸、妈妈去很远的地方，你会是什么心情呢？

幼儿：我会很伤心的。

幼儿：我会想爸爸、妈妈的。

（2）幼儿诵读古诗。

教师引导幼儿采用多种形式诵读古诗，如集体读、分组读、男女生接读等。

（3）古诗情境表演。

教师引导幼儿边诵读古诗边用动作表演，把诗人"举头""低头"的动作做出来，帮助幼儿更好地理解古诗的意思，体会诗人的心情。

4. "古诗接句"游戏。

教师带领幼儿玩"古诗接句"的游戏，加深幼儿对古诗的印象，帮助幼儿更好地记忆古诗。

教师：接下来，咱们一起玩一个小游戏——"古诗接句"。怎么玩呢？我来朗诵古诗句子中的前几个字，小朋友们来接最后一个字，看看哪个小朋友接得又快又准确。

（三）结束环节

教师引导幼儿回到家里，跟家人分享今天学到的古诗《静夜思》。

教师：今天，我们学会了一首五言古诗《静夜思》。"五言"是指一句古诗有五个字。古诗还有"七言"的，就是有七个字的。请小朋友们回到家，给爸爸、妈妈朗诵并表演这首古诗，让他们也感受一下诗人思念亲人、思念故乡的心情吧！

活动四　八月十五吃月饼

活动目标

1. 了解中秋节的来历及相关习俗。

2. 初步探究月饼的制作方法，尝试动手制作月饼，感受制作月饼的乐趣。

3. 愿意与同伴、教师、家人分享自己制作的月饼，表达对他们的感谢之情。

活动准备

月饼（实物）、故事《嫦娥奔月》PPT 课件、两种馅料（豆沙馅、莲蓉馅）、制作月饼用的工具、小盘子、托盘等。

活动过程

（一）导入环节

教师出示月饼，谈话引出中秋节的习俗。

教师：小朋友们，你们看，老师给你们带来了什么好吃的？

幼儿：月饼。

教师：你们知道什么时候吃月饼吗？

幼儿：中秋节。

教师：请你们想一想，以往的中秋节是怎么过的？

幼儿：吃月饼、赏月、吃团圆饭、看中秋节晚会演出的节目。

（二）基本环节

1. 讲述故事，了解中秋的来历。

教师：每年的农历八月十五是中秋节，是我国的传统节日之一。你知道为什么中秋节要吃月饼吗？中秋节是怎么来的呢？关于这些，还有一个美丽的传说呢！一起来听听吧！

教师边演示故事《嫦娥奔月》PPT 课件边给幼儿讲述故事。幼儿欣赏故事，了解故事的主要内容。教师讲完故事后提问。

图 6-6

一天，后羿去昆仑山遇到了王母娘娘。王母娘娘赐给他一包不死药，吃下这种药，就可以升天做神仙。

后羿把不死药交给嫦娥保管。嫦娥把药藏在了梳妆台的百宝匣里，没想到被小人蓬蒙看见了。

一天，蓬蒙趁后羿外出打猎，拿着宝剑逼着嫦娥交出不死药。

图 6-7

嫦娥没办法，只好把不死药吞了下去。她吞下药，身体飘出了窗外，向天上飞去。

但她还想着自己的丈夫，就落到了离人间最近的月亮上成了仙。

后羿非常想念妻子，就派人在后花园里摆上妻子平时最爱吃的蜜食鲜果，遥祭在月宫里的嫦娥。

图 6-8

教师：后羿有什么高超的本领，他做了什么事情，让百姓们都喜欢他？王母娘娘赐给了后羿什么礼物？嫦娥为什么会飞到月亮上去？嫦娥飞到月亮上去后，后羿是什么心情？他是怎么做的？

小结：嫦娥飞到月亮上，非常想念自己的丈夫。后羿也非常想念自己的妻子。于是，每当八月十五的月亮出来时，后羿就摆上很多嫦娥爱吃的蜜食鲜果，以表达自己的思念之情。后来，人们就把每年的八月十五定为中秋节，在这个节日还会做很多象征团圆的月饼来吃。

附故事：

嫦娥奔月

古时候，天上有十个太阳，大地干旱。后羿拉开神弓，射下九个太阳，只剩下一个太阳按时起落，为民造福。后羿因此受到了百姓的爱戴。后来，后羿娶了美丽、善良的嫦娥。每天，后羿外出打猎，妻子在家做饭、织布。

一天，后羿去昆仑山遇到了王母娘娘。王母娘娘赐给他一包不死药，吃下这种药就可以升天做神仙。后羿把不死药交给嫦娥保管。嫦娥把药藏在了梳妆台的百宝匣里，没想到被小人蓬蒙看见了。一天，蓬蒙趁后羿外出打猎，拿着宝剑逼着嫦娥交出不死药。嫦娥没办法，只好把不死药吞了下去。她吞下药，身体飘出了窗外，向天上飞去。但她还想着自己的丈夫，就落到了离人间最近的月亮上成了仙。

后羿非常想念妻子，就派人在后花园里摆上妻子平时最爱吃的蜜食鲜果，遥祭在月宫里的嫦娥。

2. 制作月饼。

（1）教师出示制作月饼的面团、馅料和工具。

教师：今天是中秋节，咱们一起来做好吃的月饼吧！这里有制作月饼的面团、馅料和各种工具。现在，请小朋友们先看看我是怎么做的。仔细听，注意看，一会儿，你们还要自己动手制作月饼呢！

（2）教师边示范制作月饼的步骤边讲解。

教师：先取一块面团，在面板上揉一揉，把面揉匀、团成圆球的形状，再用手把它压扁，用擀面杖把面团擀成圆形的面皮。面皮不要太薄，太薄的话，包馅的时候容易破；也不能太厚，太厚的话，做出来的月饼不好吃。

教师：这里有两种馅料，一种是红色的豆沙馅，一种是黄色的莲蓉馅。小朋友们可以两种馅料各包一块月饼，一会儿自己品尝一块，另一块带回家，和爸爸、妈妈一起分享。

教师：老师喜欢吃豆沙馅的，就用勺子取一些豆沙馅，把它团成球，用面皮包起来，包好之后，也是要团成球。

教师：再看这个，这个是制作月饼用的模具，里面有字、有图案，把包好馅料的面团放进这个模具里，用你的小手掌往下压，把面团充分地填充在模具里，让它的表面与模具的边缘一样平整。

教师：再把模具倒过来，将面团轻轻地扣在面板上。看，一块有字、有图案的月饼就做好啦！是不是特别有意思？小朋友们快自己动手试试吧！

（3）幼儿尝试动手制作月饼。教师巡回指导，提醒幼儿尽量不要露馅儿。

图 6-9

（4）教师带领幼儿将制作好的月饼统一放在托盘里，做好标记，送到食堂，请食堂的叔叔、阿姨们用刷子轻轻地刷上一层油，再刷上一层蛋液，放进烤箱里烤熟。

图 6-10

（三）结束环节

1. 品尝月饼。

教师：小朋友们快看，你们自己动手制作的月饼烤好啦！现在，每个人来取自己做的月饼，快来尝一尝自己做的月饼吧！

幼儿根据做好的标记找到自己制作的月饼，品尝劳动成果，感受成功的喜悦。

2. 分享月饼。

教师引导幼儿给家人打包月饼，将月饼带回家，与家人共同分享自己制作的月饼。

教师：小朋友们，现在，咱们就给爸爸、妈妈打包你们自己动手制作的月饼。小小的月饼里有你们对爸爸、妈妈、爷爷、奶奶满满的爱，相信他们也很期待能够品尝到你们自己动手制作的月饼。你们在送上月饼的同时，别忘了说几句甜蜜的祝福哦！

活动五　冬　至　到

活动目标

1. 了解冬至节气的气候特征及相关习俗，知道冬至进补的原因。
2. 通过观察、记录天气的变化，了解冬至是一年中夜晚最长的一天。
3. 喜欢探究冬至节气习俗，了解冬天动、植物是如何过冬的。

活动准备

冬至食谱（美食图片），纸，笔，冬天各种动、植物的图片。

活动过程

（一）导入环节

1. 猜猜冬至吃什么。

教师结合幼儿已有经验，引导幼儿说一说冬至这一天吃什么，通过猜想、验证，调动幼儿关注冬至美食。

教师：小朋友们，今天是冬至。冬至这一天的夜晚最长。过了冬至之后，天会一天比一天亮得早，直到夏至。每年冬至这一天，大家都会吃什么呢？请你们猜一猜。

幼儿：饺子。

幼儿：包子。

幼儿：西红柿炒鸡蛋。

教师：××小朋友猜对了。古人常说"冬至饺子夏至面"，也就是说到了冬至这一天，大家都会吃饺子。今天，厨房的叔叔、阿姨们就给我们准备了好吃的饺子，中午的时候，小朋友们可以尝一尝。

2. 出示冬至食谱，了解冬至进补的传统习俗。

（1）教师：其实冬至这一天，南方和北方的人们都会制作各种不同的美食来庆祝冬天的来临。因为过了冬至，天气就会越来越冷，最冷的三九天也会来临。

（2）出示冬至食谱，引导幼儿观察并了解冬至美食特色。

教师：你们看，这个是冬至食谱，一起来看看冬至的时候，咱们幼儿园会吃什么美食？

教师引导幼儿观察幼儿园冬至这一天的食谱，了解冬至美食特色。

（3）教师引导幼儿了解冬至进补的原因。

教师：你们知道，人们为什么要在冬至这一天，吃这些美食吗？

幼儿：因为天气太冷了，所以要多吃一些羊肉。

幼儿：因为冬至也是过节，所以大家要吃得丰盛一些。

教师：小朋友们说得对，就是因为天气会越来越冷，人们为了抵御寒冬，所以会提前进补，吃一些高热量、高脂肪的肉类食物，借此增强身体的抵抗力。古人还有一种说法叫"冬至大如年"，是因为周朝的时候，曾经把冬至这一天，也就是一年中日影最长的一天作为新年的开始。因此，每逢冬至，人们还会举行各种贺冬仪式，有的地方会祭天、祭祖、数九九、吃年糕、吃羊肉汤等。

（二）基本环节

1. 观察、记录并验证。

（1）提出问题"冬至是不是一年中夜晚最长的一天"，引导幼儿思考如何验证。

教师：大家都说冬至这一天是一年中夜晚最长的一天，这种说法对吗？你是怎么认为的？说说你的理由。

幼儿：我觉得应该是夜晚最长的一天，我是听老师说的。

幼儿：我觉得不对，怎么能证明呢？

幼儿：咱们可以做记录，看看是不是这么回事儿。

教师：你们说得都有道理，××小朋友的提议很好，那咱们就一起做个记录，验证一下这种说法对不对吧！

（2）设计观察记录表的内容，安排值日生每天负责记录太阳升起、落下的时间，了解冬至是一年中夜晚最长的一天。

教师：咱们要设计一个记录表，先要看看需要记录哪些项目，还要确定由谁来记录。

幼儿分组讨论并设计观察记录表的内容。教师请每组幼儿推选出一名代表，到前面讲述小组讨论结果，最终确定表格内容及记录人选。

小结：小朋友们经过讨论，一致认为这几项内容比较重要，需要记录下来，具体有日期、太阳升起和落下的时间、每天的最高气温和最低气温、天气情况等。大家都认为由每天的值日生负责记录比较好。咱们从明天就开始吧！

2. 关注动、植物过冬。

（1）关注植物过冬。

教师出示冬天各种植物的图片，引导幼儿说

教师：小朋友们，咱们吃了美味的冬至美食就不冷了，户外的花花草草吃不到美食，天气又这么冷，它们怎么过冬呢？

幼儿：我爷爷说，冬天到了，要给树木穿上过冬的衣服。

幼儿：我去过植物园，那里有植物大棚，冬天里面可暖和了，可以给花花草草搭个大棚子。

幼儿：冬天，屋里有暖气，比较暖和，可以把花盆搬到屋里来。

小结：你们想法真好！冬天到了，外面天寒地冻的，植物也怕冷，可以给它们裹上草绳、包上不穿的旧衣服、搭建挡风用的棚子，还可以把怕冷的花搬到室内来。你们真是贴心，能替这些植物着想，老师替它们谢谢你们！

（2）关注动物过冬。

教师出示冬天各种动物的图片，引导幼儿说说它们是怎么过冬的。

教师：你们再给小动物们想想办法，池塘里的小鱼、天空飞的小鸟、小区里的流浪猫、狗，它们可以怎么过冬呢？

幼儿：我听妈妈说，有的鸟是候鸟，一到秋冬时节，就会飞到南方温暖的地方过冬。留在北方的小鸟会做窝，可以过冬。

幼儿：我知道河面上会结厚厚的冰，小鱼会在冰下面的水里游。

幼儿：我们可以给那些流浪猫和狗搭一座小房子，让它们住在里面，就不会冷了。

小结：到了冬天，有些动物会冬眠，像熊、蛇、青蛙等，它们会在树洞、地洞里睡大觉，减少体能和热量的消耗，一直睡到春天才会醒过来。还有一些动物，像候鸟那样，飞到南方暖和的地方过冬。有些动物会自己搭窝、挖地洞，住在窝里过冬。有些动物身上会长出厚厚的绒毛，好像穿了皮大衣一样保暖，可以度过寒冬。那些在小区里的流浪猫、狗也会找一些可以让自己感觉暖和的地方。需要提醒小朋友们的是，如果家里有车子，在开走车子之前，最好看看车底下会不会有流浪猫、狗。

（三）结束环节

教师引导幼儿了解冬至贺冬礼仪，向同伴、教师说一些冬至的祝福语，互祝安康。

教师：到了冬至这一天，人们还会互相祝贺冬天的来临。请你和身边的好朋友说一说冬至的祝福语吧！

（本章由关海燕、马冠琦、季星著）

第七章 传统文化下生命教育课程之民间游戏

一、小　　班

（一）民间语言游戏：比比谁最稳

（教师：王　茜）

扫码看视频 7-1

1. 传统游戏玩法

（1）游戏名称：击鼓传花。

（2）游戏玩法：

①所有幼儿围坐成一个圆圈。

②当击鼓者开始击鼓时，幼儿开始一个挨一个地传递花朵。当鼓声停止时，花落在谁的手里，谁就是"幸运者"，就要站在圆圈的中间位置，表演节目。

③演完节目后，就从这个"幸运者"开始，继续听鼓声传花。游戏可以反复进行。

（3）游戏规则：

游戏前，幼儿可以提前商量并确定"幸运者"要做的事情，如学猫叫三声、学青蛙跳五下等。

2. 创编游戏玩法

（1）游戏名称：比比谁最稳。

（2）游戏玩法：

①4～6名幼儿为一组。

②教师准备一个一次性纸盘和一个乒乓球（盘子比乒乓球略大一点儿）。游戏开始时，第一个幼儿将乒乓球放在盘子里，托住盘子，注意不要让乒乓球掉落下来，把盘子传给下一个幼儿。以此类推，直到哪个幼儿让乒乓球掉落，成为"幸运者"，接受大家对自己的爱的鼓励。如果游戏连续进行了三次，都无人掉落乒乓球，整组幼儿获胜。

（3）游戏规则：

爱的鼓励为：其他小朋友帮助他分析为什么会掉落乒乓球，指导他不掉的技巧。最后，抱一抱他，鼓励他一定可以成功。

3. 创编游戏的目的及意义

（1）传统的"击鼓传花"游戏以快为目的，而创编的新玩法是以稳为目的才能获胜。小班幼儿自我控制能力较弱，通过这个游戏可以引导幼儿学会控制情绪和身体动作，练习持物移动的同时，保持物体平衡。

（2）游戏还可以提升幼儿的专注力。在出现"幸运者"时，学会体凉他人情绪，有助于提高同伴交往能力，通过给同伴讲解乒乓球不掉落的小技巧，提升语言表达能力。让"幸运者"知道失败后思考、再调整，才能成功。最后，抱一抱环节是引导幼儿学会当他人失败时懂得去安慰、帮助他人。

图 7-1　　　　　　　　　　　图 7-2

（二）民间体育游戏：老鹰捉小鸡

（教师：安惠欣）

1. 传统游戏玩法

扫码看视频 7-2

（1）游戏名称：老鹰捉小鸡。

（2）游戏玩法：

①一名教师当老鹰，一名教师当鸡妈妈，所有幼儿当小鸡。

②游戏开始后，老鹰开始捉小鸡。鸡妈妈伸开两臂，阻止老鹰捉走小鸡。小鸡排成一路纵队，一个一个地拉好，跟在鸡妈妈身后左右躲闪，避免自己被老鹰捉到。

（3）游戏规则：

老鹰每次必须先捉排队尾的小鸡，将小鸡全部捉到则胜利，反之则任务失败。

2. 创编游戏玩法（一）

（1）游戏名称：小鸡捉虫子。

（2）游戏玩法：

①一名教师当老鹰，一名教师当鸡妈妈，所有幼儿当小鸡。

②创设外出找虫子的游戏情景。出发前，鸡妈妈要告诉小鸡，可以到哪里去找虫子，以及找虫子时，如果遇到老鹰，一定要跑回鸡妈妈身边并且蹲下来，这样，老鹰就不抓小鸡了。

③小鸡们和鸡妈妈一起在草地上找虫子。老鹰飞过来后，鸡妈妈赶紧呼唤小鸡回到自己身边，并且蹲下身子。

④游戏可以随幼儿兴趣反复进行。

（3）游戏规则：

遇到老鹰时，只要回到鸡妈妈身边蹲下，就不会被老鹰捉走。如果没有回到鸡妈妈身边，老鹰可以一直捉小鸡。幼儿熟悉游戏规则后，可以互换角色游戏。

附儿歌：

老鹰捉小鸡

小鸡找虫吃，

遇到大老鹰，

老鹰捉小鸡，

小鸡跑回家。

3. 创编游戏玩法（二）

（1）游戏名称：勇敢的鸡宝宝。

（2）游戏玩法：

①一名教师当老鹰，一名教师当鸡妈妈，所有幼儿当鸡宝宝。

②创设营救兔妹妹的游戏场景，教师："兔妹妹因为贪玩、迷路，找不到家了。刚才，我接到了兔妈妈的电话，它说兔妹妹就在离咱们不远的小河那边，希望咱们帮忙去找找兔妹妹。"

③鸡妈妈引导鸡宝宝们观察寻找兔妹妹的路线，要翻过小山、跳过小石子路，如果中间遇到老鹰，只要原地不动，老鹰就不会发现小鸡。如果动了，老鹰会把小鸡捉走。

④找到兔妹妹后，帮助兔妹妹回家。

⑤引导鸡宝宝们说一说："兔妹妹为什么会迷路？如何让自己不迷路？如果自己迷路了，应该怎么办？"让幼儿学会一些保护自己的方法。

（3）游戏规则：

老鹰会根据幼儿游戏情况随机出现。如果老鹰出现了，幼儿保持不动，则老鹰不能捉走幼儿。如果幼儿动了，老鹰则可以去追幼儿。

4. 创编游戏的目的及意义

"老鹰捉小鸡"是小班幼儿喜欢的户外游戏之一，它能有效地帮助幼儿建立规则意识及初步的合作意识。此游戏充满趣味性，其重复性的特点也非常适合小班幼儿。在游戏情景中，自然地渗透规则意识，便于幼儿理解，激发幼儿兴趣，使幼儿更愿意参与游戏。幼儿在走、跑、跳、躲闪中身体的协调能力不断发展，同时，激发幼儿之间友爱、互助、学习、勇敢、不怕困难的良好品质。

图 7-3

图 7-4

（三）民间益智游戏：石头、剪刀、布

扫码看视频 7-3

（教师：刘梦娇）

1. 传统游戏玩法

（1）游戏名称：石头、剪刀、布。

（2）游戏玩法：

两名幼儿进行游戏，各自握紧拳头做好准备。其中一名幼儿或者两名幼儿出拳前齐喊口令："石头、剪刀、布。"然后，在话音刚落时，两名幼儿同时出示自己想好的手势，通过手势判断输赢。

（3）游戏规则：

两名幼儿必须同时出拳，其中一人慢出时，可以重新进行游戏。拳头代表"石头"，食指和中指伸出代表"剪刀"，五指伸开代表"布"。石头可以赢剪刀，剪刀可以赢布，布可以赢石头。如果两人出的手势相同，谁都没有赢，则为平局。

2. 创编游戏玩法

（1）游戏名称：跳跃大比拼。

（2）游戏玩法：

①两名幼儿为一组。

②每人两个呼啦圈，同时站在起始线后。双方通过猜拳游戏确定谁先出发。

③输的幼儿原地不动，赢的幼儿将其中一个呼啦圈扔到自己双脚能跳进去的地方，然后跳进圈内。两名幼儿继续进行猜拳游戏。如果又赢了，就将剩下的那个圈扔出并跳进圈里，再将之前跳的圈捡起。两名幼儿继续进行猜拳游戏。如果跳不进圈内，一定要回到起始线，继续进行猜拳游戏。最终，先到终点线的一方获胜。

（3）游戏规则：

从起始线开始进行猜拳游戏，赢的一方扔圈并跳进圈内，输的一方原地不动，最先到达终点线的幼儿为胜。

3. 创编游戏的目的及意义

（1）掌握猜拳游戏规则。

（2）培养幼儿动作敏捷和对身体的控制能力。

（3）培养幼儿的思维能力和判断能力。

（4）感受与同伴一起游戏的快乐。

图 7-5　　　　　　　　　　　　　　　图 7-6

（四）民间体育游戏：红灯、绿灯、小白灯

（教师：李　会）

1. 传统游戏玩法

扫码看视频 7-4

（1）游戏名称：红灯、绿灯、小白灯。

（2）游戏玩法：

①一名幼儿站在场地的终点处（背对着其他人站立），其他幼儿站在起点线上，准备朝终点方向前进。

②终点处的幼儿喊："红灯、绿灯、小白灯。"节奏可快、可慢。其他幼儿从起点向终点方向移动。终点处的幼儿喊完之后，马上回头去看，这时听到最后一个"灯"字的时候，所有人应马上静止，身体任何部位都不能动。

③如果终点处的幼儿发现谁动了，那个人必须回到起点，重新向终点移动，继续游戏。

④先到达终点的人拍一下喊口令的人。这个人回头去抓后面的人。被抓到的，在下一轮游戏时应站在终点处，成为喊口令的人。如果终点处的人没有抓到任何人，那么下一轮继续由他站在终点处喊口令，游戏反复进行。

（3）游戏规则：

①终点处幼儿通过喊的节奏来找出前进幼儿的破绽，迫使位置靠前的人返

回起点。

②所有人听口令再移动，口令停止，动作也随即停止。

③跑动时，注意躲避他人，避免发生碰撞。

2. 创编游戏玩法（一）

（1）游戏名称：跳动的红绿灯。

（2）游戏玩法：

①一名幼儿站在场地的终点（背对着其他人站立），其他幼儿站在起点线后，准备朝终点方向移动。

②场地内摆上呼啦圈，单圈和双圈交替摆放。将幼儿分成四队进行游戏。

③终点处幼儿喊"红灯、绿灯、小白灯"，节奏稍慢一些。其他幼儿从起点向终点方向跳进呼啦圈。终点处的幼儿喊完"红灯、绿灯、小白灯"后马上回头去看。听到最后一个"灯"字时，所有人必须站在呼啦圈内，不能在圈外或者移动身体。

④移动身体者或者未能及时入圈的幼儿需要回到起点，重新游戏。

⑤先到终点的幼儿拍一下喊口令的人。这个人回头去抓后面的人，被抓到的人在下一轮游戏时，站在终点处，成为喊口令的人。如果终点处的人没有抓到任何人，那么下一轮继续由他站在终点喊口令，游戏反复进行。

（3）游戏规则：

①幼儿之间应保持一定的距离，避免做舒展动作时互相影响。

②认真听口令，跳进呼啦圈时，保持身体平衡。

③跑动时，注意躲避他人，以免发生碰撞。

3. 创编游戏玩法（二）

（1）游戏名称：百变红绿灯，我是小警察。

（2）游戏玩法：

①设定游戏场景，在环形小轨道上摆放各种运动器械，如呼啦圈、高低障碍物、地垫、钻筒等。

②一人在场地中央控制红、绿灯。如果他看见某一地点出现拥挤的情况时，就出示红灯标志牌，后面的幼儿则需等前一名幼儿通过后，再进行游戏；如出现某一幼儿停滞不前，则出示绿灯标志牌，示意其快速通过，避免造成交通拥堵的状况。

③场地中央的小朋友可以轮流替换。

（3）游戏规则：

①幼儿在游戏时保持一定的距离，避免互相影响。

②认真听指挥，看清标志牌的颜色再进行游戏。

③游戏过程中遵守交通规则。

4. 创编游戏的目的及意义

（1）创编的游戏在传统玩法的基础上，增加了游戏的难度和趣味性。引导幼儿在探索游戏玩法的同时，提高跳跃能力和快速反应能力，能控制身体，保持平稳，体验与同伴一起游戏的快乐。

（2）创编的游戏可以帮助幼儿养成遵守交通规则的意识，同时激发了幼儿参与游戏的积极性。游戏过程中，充分体现了幼儿自主游戏。

（3）创编的游戏通过增加游戏难度，引导幼儿探索保持身体平衡的方法，逐步理解并能遵守游戏规则，在锻炼身体的同时，也增加了与同伴之间的互动，促进幼儿人际交往能力的发展，实现积极的自我认知目标。

图 7-7

图 7-8

（五）民间益智游戏：粘泡泡糖

（教师：朱鑫鹏）

扫码看视频 7-5

1. 传统游戏玩法

（1）游戏名称：点五官。

（2）游戏玩法：

①教师出示镜子，让幼儿观察自己的五官。

②请幼儿自由表达"我们的五官有什么作用"，讲述自己的看法。

③幼儿两人一组，边说儿歌边点手心，当听到五官的名称时马上去点对方对应的五官。游戏时，可随幼儿对游戏的熟悉程度加快或放慢游戏速度。

附儿歌：

点　五　官

点点窝窝，

注意多多，

点耳朵（或鼻子、嘴巴……）。

2. 创编游戏玩法

（1）游戏名称：粘泡泡糖。

（2）游戏玩法：

①游戏前提出游戏规则，所有幼儿互动时，要仔细听。

所有幼儿手拉手围成一个圆圈。当教师说"粘泡泡糖"时，幼儿要回应"粘哪里"，教师说粘身体哪个部位，如手掌、脸颊、小脚、耳朵等，幼儿就将自己身体的相应部位与另一名幼儿身体相应的部位粘在一起。（所有幼儿自由结对，没有数量限制）

②为增加游戏的趣味性，可由一名"小裁判"说出粘身体的哪个部位。小裁判要注意粘的位置对不对。

③游戏升级：两名幼儿为一组，互相粘。游戏开始，由小裁判说"粘泡泡糖"，其他幼儿回应"粘哪里"。粘对的幼儿继续参与游戏；粘错的幼儿坐在小椅子上休息，等待下一轮游戏。接下来，加快游戏速度，看哪个幼儿粘得正确。

（3）游戏规则：

泡泡糖粘得又快又正确的一组幼儿获胜。

3. 创编游戏的目的及意义

《纲要》中指出："幼儿园必须把保护幼儿的生命和促进幼儿的健康放在工作的首位。"小班幼儿的生活经验少，生命自我认知意识不强。通过游戏可以逐步认识身体的各个部位，在锻炼幼儿记忆力、倾听能力、专注力的基础上，也能对同伴有更深入的了解，促进人际交往，实现积极的自我认知、保护身体各部位的目标。

图 7-9

图 7-10

（六）民间语言游戏：点豆豆

（教师：钱福文）

1. 传统游戏玩法

扫码看视频 7-6

（1）游戏名称：点豆豆。

（2）游戏玩法：

①将若干张红、黄、蓝三色的纸片豆豆，随机排成一排。幼儿排成一路纵队，依次当"点豆人"，任选一种颜色的豆豆卡片，伴随儿歌"点、点、点豆豆，点到一颗红豆豆"的节奏，依次点豆豆。

②将点到的红豆豆，放置在对应颜色的小筐里。

③其他幼儿从前一个幼儿点到的豆豆位置开始，继续点豆豆。

④比比看，哪种颜色的豆豆被点到的最多。

（3）游戏规则：

幼儿点豆豆时，应做到手口协调一致地点豆豆，避免跳点、漏点或手口不一致的现象出现。

2. 创编游戏玩法

（1）游戏名称：男生、女生点豆豆。

（2）游戏玩法：

①全班幼儿随机坐在一排小椅子上，充当豆豆。

②游戏开始时，请一名幼儿来当"点豆人"，伴随儿歌节奏，随机点豆豆。

③儿歌中的一个字对应一名幼儿，点豆人根据最后一句儿歌"点到男（或女）生的豆"的"豆"字，落在相应的男生或女生身上。

（3）游戏规则：

若幼儿手指最后点到的"豆豆"，确实是自己儿歌中说到的男（或女）生豆豆，即游戏成功。

3. 创编游戏的目的及意义

（1）将传统玩法中的点"纸片豆豆"创编为点"男生、女生的豆豆"。

（2）通过一次次观看"点豆豆"的游戏过程和亲自"点豆豆"，强化了幼儿对男女性别的区分意识和辨别能力，增强了幼儿对自我性别的认知。

（3）通过一一对应点豆、说歌谣的过程，锻炼了幼儿手口协调一致地配对能力。

图 7-11

图 7-12

（七）民间语言游戏：猜中指

扫码看视频 7-7

（教师：杨钰彤）

1. 传统游戏玩法

（1）游戏名称：猜中指。

（2）游戏玩法：

游戏者用右手将左手的五根手指指尖包住，只露出左手指尖（也可以打乱指头的顺序，增加游戏的趣味性），让对方猜猜中指在哪里。对方点住自己认为的中指指尖，不要放开。然后，游戏者放开包住五根手指的右手，验证对方是否猜对了。

（3）游戏规则：

如果对方猜对了，应适当地给予奖励。

2. 创编游戏玩法

（1）游戏名称：拇指大战。

（2）游戏玩法：

请两名幼儿分别伸出大拇指来，将其他的四根手指互相扣好之后，一起念儿歌"大拇哥、二拇弟、中三娘、四小弟、小姐姐，来看戏"。当念完"来看戏"时，双方用自己的大拇指去压住对方的大拇指，谁先压住对方的大拇指就算赢了。

（3）游戏规则：

要求念完儿歌之后，快速做出压住对方大拇指的动作。

3. 创编游戏的目的及意义

（1）通过游戏引导幼儿了解每个手指头的名称和作用及排列顺序，在游戏中提高手指的灵活性，在生命自我认知中认识自己的手指。

（2）培养幼儿的专注力和快速反应能力，通过边做动作边念儿歌的方式，让幼儿在游戏中促进语言发展。

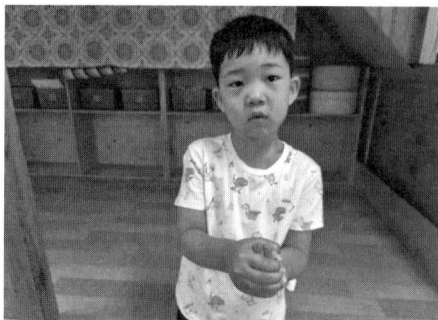

图 7-13

图 7-14

（八）民间体育游戏：推小车

扫码看视频 7-8

（教师：曹俊雅）

1. 传统游戏玩法

（1）游戏名称：推小车。

（2）游戏玩法：

幼儿两人一组，一名幼儿手撑地，另一名幼儿抬起自己搭档的双脚，一起向前走。从起点走到终点后，两名幼儿相互交换，再沿原路返回起点，游戏结束。

（3）游戏规则：

①推人前进时，不能用力过猛，行进的速度也不能太快。

②到终点后，两人要交换位置。

2. 创编游戏玩法

（1）游戏名称：谁的小车推得稳。

（2）游戏玩法：

①准备小呼啦圈、沙包，沿行进路线摆放好。两名幼儿一前一后，做推小车行进动作，在沿线走的过程中，将遇到的沙包捡到旁边的小呼啦圈里。

②幼儿推人走的时候要躲避障碍物，不能碰到障碍物。在路的两端分别摆放障碍物，幼儿遇到障碍物时，需绕"8"字形行走。

（3）游戏规则：

推车人动作要慢一些，行进过程中，不能触碰障碍物。

3. 创编游戏的目的及意义

"推小车"游戏不仅锻炼了幼儿的臂力及身体的协调能力，加强了幼儿互相配合的能力，增强了幼儿体质，让幼儿感受到民间体育游戏的乐趣。

图 7-15

图 7-16

（九）民间体育游戏：1、2、3，快来做

（教师：李　莹）

扫码看视频 7-9

1. 传统游戏玩法

（1）游戏名称：1、2、3，木头人。

（2）游戏玩法：

①选出一人说游戏口令，其他人为行动者。发出口令者背对着其他幼儿，说出口令："1、2、3，我们都是木头人。"这时，行动者可以在场地内自由走动或做出自己喜欢的动作。

②当发出口令者说出口令中最后一个"人"字时，行动者马上静止不动。发出口令者回头查看，是否有人动了。如果发现有人在动，这个人就出局，等候下一轮游戏。发出口令者转回头，继续发出口令，行动者也可以继续自由行动。

（3）游戏规则：

口令完毕时，行动者必须立即保持静止状态，无论本来是什么姿势，都必须保持不动。

2. 创编游戏玩法

（1）游戏名称：1、2、3，快来做。

（2）游戏玩法：

①发出口令者站在终点，背对着行动者，说出"1、2、3，我们都是小猴子"。这时，行动者可以从起点出发。

②发出口令者说完口令中的最后一个字时，转过身查看，其他人都要模仿小猴子，没有及时模仿出小猴子动作的人就要走到起点，重新开始。直至有人到达终点，拍一下发出口令者的后背，游戏结束。

③游戏可以反复玩，随着幼儿熟悉游戏规则后，可以变换动物名称或增加口令要求，例如"单脚站的猴子""摸脑袋的公鸡"等。

（3）游戏规则：

第一个到达终点的人获得胜利。

3. 创编游戏的目的及意义

玩传统游戏"1、2、3，木头人"时，大部分幼儿都是双脚站立，主要锻炼幼儿的反应能力，且出局的幼儿等待时间较长，也会降低游戏兴趣。创新游戏的玩法口令更具体，适合小班幼儿，在锻炼幼儿反应能力的同时，可以提升幼儿的观察能力，且幼儿要听清口令的具体要求，才能做出相应的动作，也能提升幼儿的专注力。

图 7-17 图 7-18

（十）民间语言游戏：猜猜我是谁

（教师：高 颖）

扫码看视频 7-10

1. 传统游戏玩法

（1）游戏名称：猜猜我是谁。

（2）游戏玩法：

①一名幼儿坐在其他幼儿前面并捂住眼睛。

②选一名幼儿上前"敲门"。捂住眼睛的幼儿问："你是谁呀?"幼儿说："猜猜我是谁?"

③幼儿猜测同伴的名字，如果猜对了，换被猜中的幼儿坐在椅子上，猜同伴的名字，猜名字的幼儿去选同伴敲门，游戏轮流进行。

（3）游戏规则：

幼儿除了说"猜猜我是谁"以外不能发出其他的声音。如果出声或有其他人提示，属于违反游戏规则。由违反游戏规则的幼儿坐在前面，猜同伴的名字。

2. 创编游戏玩法

（1）游戏名称：我的好朋友。

（2）游戏玩法：

①一名幼儿坐在其他幼儿前面并捂住眼睛。

②选一名幼儿上前"敲门"。捂住眼睛的幼儿问："你是谁呀?"幼儿说："猜猜我是谁?"说完之后，继续介绍自己的外貌、性别、性格、最喜欢做的事情等，请捂住眼睛的幼儿倾听并猜测幼儿姓名。

（3）游戏规则：

幼儿自我介绍时，不能说出自己的名字。

3. 创编游戏的目的及意义

（1）创新游戏"我的好朋友"可以让幼儿自我介绍，也可以按照教师提问、幼儿作答的形式进行，旨在引导幼儿通过自我认知的思考及介绍，促进同伴间的相互了解。

（2）通过倾听其他幼儿自我介绍的游戏形式，锻炼幼儿注意倾听的能力，也能对好朋友有更深入的认识和了解，促进幼儿之间的人际交往，拉近彼此之间的距离，实现积极的自我认知目标。

图 7-19   图 7-20

二、中　　班

（一）民间体育游戏：切西瓜

（教师：王佩瑶）

扫码看视频 7-11

1. 传统游戏玩法

（1）游戏名称：切西瓜。

（2）游戏玩法：

①游戏开始时，所有幼儿手拉手围成一个大圆圈站好，选出一名幼儿切西瓜。切西瓜的幼儿在圈内选定任意两个幼儿的拉手处，做切西瓜的动作。

②同时，所有幼儿一起念儿歌："切，切，切西瓜，我们的西瓜香又甜，要吃西瓜切开来。"

③当念完"来"字后，被切到的两个幼儿分别向相反的方向在圈外绕着圆圈跑一圈，看谁最先到达原来的位置。第二个到达的幼儿要在圆圈的中间位置表演一个节目，然后充当切西瓜的人，继续游戏。

（3）游戏规则：

①幼儿要边念儿歌边切西瓜。

②幼儿在奔跑的过程中要注意躲闪，避免发生碰撞。

③被切到的两名幼儿必须向相反的方向在圈外跑动。

2. 创编游戏玩法（一）

（1）游戏名称：切水果。

（2）游戏玩法：

通过仿编儿歌的形式巩固游戏玩法。

①讨论：小朋友们，除了西瓜可以一切两半，还有哪些水果可以这样切？

②引导幼儿把儿歌中的"西瓜"替换成其他水果，如苹果、梨、橙子等。将儿歌改为："切，切，切苹果，一个苹果切两半。"

（3）游戏规则：

游戏过程中，仿编儿歌并替换水果名称时，注意选择能切成两半的水果。

3. 创编游戏玩法（二）

（1）游戏名称：升级版"切水果"。

（2）游戏玩法：

①发给每个幼儿两三个小沙包，当做水果，然后自由地摆放在场地内；与幼儿一起摆放小沟（用迷你绳代替），合作铺成水果园地。

②幼儿散点练习怎样做才能不踩到水果，可以用走、跑、跨、跳的动作。请一名幼儿示范，大家分享、交流经验，继续练习。

③在传统游戏的基础上，创编"切水果"的游戏。全体幼儿手拉手围成一个"大水果"的形状。一个幼儿用手当做水果刀，在场地内游戏，不能踩到水果，双脚要连续跳过小沟。

（3）游戏规则：

如果不小心踩到水果园地里的水果时，视为游戏失败。

4. 创编游戏的目的及意义

（1）目的：

①能够按照一定顺序绕圈快速奔跑并能观察同伴的位置进行躲闪。

②在游戏中能集中注意力，有辨别左右的能力。

③体验合作创编游戏的乐趣。

④锻炼幼儿双脚连续跳的能力，增强幼儿腿部肌肉的力量。

（2）意义：

①"切西瓜"是深受幼儿喜爱的传统跑圈游戏。幼儿在奔跑与追逐的过程中，必须快速躲闪并做出反应，具有一定的挑战性和竞争性。

②该游戏有很大的创编空间，游戏儿歌简单押韵、朗朗上口。在此基础上，可以引导幼儿回忆生活中需要切开食用的水果，创编出"切橙子""切苹果""切哈密瓜"等词语，丰富儿歌内容。

③游戏队形可以结合水果的形状进行变化。

④游戏动作可以在走、跑的基础上增加爬、跳、蹲走等。教师在组织游戏时应充分挖掘、丰富游戏内容，增添游戏的趣味性，还可以借助游戏促进幼儿体能发展。

图 7-21

图 7-22

（二）民间体育游戏：摔方宝

（教师：付　佳）

扫码看视频 7-12

1. 传统游戏玩法

（1）游戏名称：摔方宝。

（2）游戏玩法：

此游戏为多人竞赛游戏。每个幼儿手中持有相同数量的方宝，每人把一个方宝放在地上，其他人用自己的方宝用力砸在上面，将其砸翻面，即可赢得翻过面的方宝。游戏计时 10 分钟，计时结束时，手中方宝数量多的幼儿获胜。

（3）游戏规则：

由于游戏限制时长，计时时间到，应立即停止游戏。每摔一次方宝就要换一个人，同一人不可以连续多次摔方宝。

2. 创编游戏玩法

（1）游戏名称：猜猜这是谁。

（2）游戏玩法：

将人身体及面部特征特写图片贴在方宝上，图片面朝下。将类似的若干个方宝散放在地上。幼儿用自己的方宝将哪一个方宝砸得翻面了，就要对照着图片特征说出具有该特征的至少三名同伴的姓名。如方宝上贴着一双大眼睛的图片，幼儿就要说出班里有大眼睛特征的至少三名同伴姓名。

（3）游戏规则：

能说出具有共同面部特征的三个及以上同伴姓名，即可将此方宝归为己有。最终，手中方宝数量最多的幼儿获胜。

3. 创编游戏的目的及意义

（1）创新传统游戏"摔方宝"的简单玩法，通过方宝背面幼儿面部特征图片的提示，让幼儿回忆起同伴的长相，从而做出判断，说出具有相同特征的三名幼儿名字。

（2）创编的游戏能够促使幼儿在日常生活中留心观察同伴的外貌特征，从而更加了解同伴，对同伴有更深入的认识，促进人际交往，实现积极的自我认知目标。

（3）创编的游戏具有竞争属性，能促使幼儿迎接游戏挑战，更加积极、主动地了解同伴的身体及外貌特征，形成良性循环。

图 7-23

图 7-24

（三）民间体育游戏：夹包跳

（教师：周鑫燕）

扫码看视频 7-13

1. 传统游戏玩法

（1）游戏名称：夹包跳。

（2）游戏玩法：

①幼儿 5～7 人为一组，每组第一个人双脚夹住沙包，从起点出发，往前跳，到达终点后返回。

②第一个人返回起点后，把沙包传给第二个人，第二个人继续游戏，按照排队顺序依次传递沙包。

③哪组队员全部完成夹包跳任务，即哪组获胜。

（3）游戏规则：

游戏过程中，沙包不能掉落。

2. 创编游戏玩法（一）

（1）游戏名称：小投递员。

（2）游戏玩法：

①幼儿 6 或 8 人为一组，同一组的组员分为两队，间隔一段距离，相对站立。

②其中一组的第一个组员双脚夹住沙包，向上跳起，将沙包用力甩向对面的第一个人，那个人接到沙包后，同样地用双脚夹住沙包跳起，用力甩给对面的下一个组员。所有组员轮流进行。最先完成甩包任务的组为胜。

（3）游戏规则：

游戏中，身体其他部位不可触碰沙包，比如，手。

3. 创编游戏玩法（二）

（1）游戏名称：公共小汽车。

（2）游戏玩法：

①可多人游戏。

②身体平躺，头顶放置一个稍大一些的盒子，双腿向上弯曲，用双脚夹住地上的沙包，用腰腹的力量将沙包慢慢地放进头顶的盒子里。在规定的游戏时间内，以盒子里的沙包数量多的为胜。

（3）游戏规则：

①游戏中，除脚以外，不可以借用身体其他部位完成游戏。

②只计算盒子内沙包的数量，沙包数量多的获胜。

4. 创编游戏的目的及意义

（1）创编游戏在传统游戏"夹包跳"的基础上，增加了幼儿喜欢的游戏方式。在游戏过程中，让幼儿体验体育运动的快乐、意义以及精神，在感受游戏乐趣的同时，也理解了遵守游戏规则的重要性。

（2）此游戏需要幼儿利用腰和大腿的力量带动小腿、脚腕、脚掌运动，提升幼儿腰、腿部力量的同时，也增强幼儿动作的协调性。在游戏的多种玩法中，还能够锻炼幼儿的弹跳力，感受一物多玩的乐趣。

图 7-25

图 7-26

（四）民间体育游戏：拉大锯

（教师：蔡连兵）

扫码看视频 7-14

1. 传统游戏玩法

（1）游戏名称：拉大锯。

（2）游戏目标：

①能有节奏地练习上肢交替"拉大锯"的动作。

②体验与同伴合作游戏的快乐。

（3）游戏玩法：

①幼儿两人一组，面对面地站立，相互拉着对方的手。

②两人一起边说儿歌边随儿歌的节奏做拉大锯的动作，身体伴随儿歌的节奏中交替前倾后仰。

附儿歌：

拉 大 锯

拉大锯，扯大锯，

姥姥家，唱大戏。

接闺女，请女婿，

小外孙子也要去。

今儿搭棚，明儿挂彩，

羊肉包子往上摆。

不吃不吃，吃二百！

（4）游戏规则：

在游戏时，两名幼儿双手紧握，不能随便松开，以免身体后仰发生意外。

2. 创编游戏玩法（一）

（1）游戏名称：盘坐拉大锯。

（2）游戏目标：用肢体感知儿歌节奏，跟着音乐节奏做出拉大锯的动作。

（3）游戏玩法：

两人面对面地盘坐在垫子上，双腿分开，交叠在一起。两人双手分别拉着毛巾的一端，伴随着儿歌《拉大锯》的节奏，一方倒下，另一方被拉起，就像拉大锯一样。

（4）游戏规则：

在游戏时，两人要双手握紧毛巾，不能松开，以免身体后仰而发生意外。

3. 创编游戏玩法（二）

（1）游戏名称：听音乐《拉大锯》。

（2）游戏目标：

①认真倾听《拉大锯》的音乐，两人在拉大锯的过程中，创编新的动作。

②体验与同伴合作游戏的快乐。

（3）游戏玩法：

幼儿两人一组，面对面地站立，相互拉着对方的手，随儿歌的节奏做拉大锯的动作，身体随儿歌节奏前倾后仰，根据歌词的内容创编动作，边唱儿歌边做动作。

（4）游戏规则：

在游戏时，两名幼儿要双手紧握，不能随便松开，以免身体后仰而发生意外。同时，边唱儿歌边做动作。

4. 创编游戏的目的及意义

（1）"拉大锯"游戏不仅可以锻炼幼儿身体的柔韧性、协调性，还可以拉伸肌肉和韧带。

（2）在音乐的伴随下游戏，可以发展幼儿的节奏感。

图 7-27　　　　　　　　　　　　　图 7-28

（五）民间体育游戏：一网不捞鱼

（教师：闫佳宁）

1. 传统游戏玩法

扫码看视频 7-15

（1）游戏名称：一网不捞鱼。

（2）游戏目标：

①锻炼幼儿反应能力及低姿钻爬能力。

②体验与同伴合作游戏的快乐。

（3）游戏玩法：

①两名幼儿面对面拉手站立，当作渔网，其他幼儿扮作小鱼，在渔网的一侧排成一路纵队。

②大家一起说儿歌《一网不捞鱼》，说儿歌的同时，小鱼们从渔网的一侧钻过渔网（从两人搭起的双手下方钻过）。当说完"尾巴鱼"时，渔网落下，抓住小鱼。

附儿歌：

一网不捞鱼

一网不捞鱼，

二网去赶集，

三网捞了一条小尾巴、尾巴、尾巴鱼！

（4）游戏规则：

在游戏时，拉渔网的两名幼儿要双手握紧，不能随便松开，避免发生意外。扮演小鱼的幼儿要排好队，有序地钻过渔网。"捞了一条小尾巴鱼"中的"尾巴"两个字，可以根据游戏需要多次重复。

2. 创编游戏玩法（一）

（1）游戏名称：捉泥鳅。

（2）游戏目标：感知音乐节奏，练习反应能力和身体的灵敏度。

（3）游戏玩法：

①若干幼儿排成一路纵队后，围成一个圆圈，双手搭在前面幼儿的肩膀上。

②播放音乐《捉泥鳅》，游戏开始，大家开始搭肩围着圆圈，踏步向前走。

③当听到音乐中出现"捉"字时，全体幼儿向后转，并将双手搭在前面幼儿的肩膀上，继续踏步向前走。当再次听到"捉"字时，转身，重复刚才的动作，继续向前走。

（4）游戏规则：

游戏过程中，幼儿要排好队，有序行进，避免拥挤。

3. 创编游戏玩法（二）

（1）游戏名称：升级版"一网不捞鱼"。

（2）游戏目标：

①锻炼幼儿腿部肌肉力量和钻爬的动作技能。

②体验与同伴合作游戏的快乐。

（3）游戏玩法：

①两名幼儿当渔网，面对面、手拉手站立，其余幼儿当小鱼，在渔网的一侧排队。

②大家一起说儿歌《一网不捞鱼》，说儿歌的同时，小鱼们从同一方向游过渔网。当说完最后一句儿歌时，渔网落下，抓住小鱼。

③游戏玩过几遍之后，增加难度。拉渔网的两名幼儿蹲下，降低渔网高度，小鱼们也要蹲下，排队通过渔网，其他规则不变，继续游戏。

（4）游戏规则：

在游戏时，拉渔网的两名幼儿要握紧双手，不能随便松开。扮作小鱼的幼儿要排好队，有序进行游戏。同时，所有幼儿要边唱儿歌边做动作。

4. 创编游戏的目的及意义

创编的"一网不捞鱼"游戏，从初步练习灵敏的反应能力到增加游戏难度后的低姿钻爬，让不同能力水平的幼儿体验游戏的挑战性与乐趣。

图 7-29

图 7-30

（六）民间体育游戏：老狼、老狼几点了

（教师：李祎凡）

扫码看视频 7-16

1. 传统游戏玩法

（1）游戏名称：老狼、老狼几点了。

（2）游戏玩法：

①活动前做热身操，避免幼儿在活动过程中受伤。

②场地内划出两条间隔 5 米的平行线。请一名幼儿当老狼，背对着其他幼儿，站在前面的横线前。其他幼儿当小羊，站在后面的横线后。

③游戏开始，小羊们齐声问："老狼、老狼几点了？"

④老狼回答："一点了。"小羊们向前走一步，然后继续问："老狼、老狼几点了？"老狼回答："两点了。"小羊们向前走两步。

⑤当老狼回答"天黑了"或"十二点了"时，小羊们立刻转身向来时的横线后面跑。老狼转身追捕。被抓到的小羊或没有进入横线后安全区域的小羊即为失败。

⑥一轮游戏后，被老狼抓到的小羊换角色，扮作老狼，继续游戏。

2. 创编游戏玩法（一）

（1）游戏名称：老狼投石打小羊（投掷）。

（2）游戏玩法：

①活动前做热身操，避免幼儿在活动过程中受伤。

②场地内划出两条间隔 5 米的平行线。请一名幼儿当老狼，背对其他幼儿，站在前面的横线前。其他幼儿当小羊，站在后面的横线后。

③小羊们问："老狼、老狼几点了？"老狼回头回答："一点了。"小羊们向前走一步后，站住不动，然后继续问："老狼、老狼几点了？"老狼回答说："两点了。"小羊们向前走两步。

④当老狼回答"天黑了"或"十二点了"时，老狼站在原地，转身，用手里的沙包击打小羊们，小羊们四散跑，进行躲闪。若被老狼击中，即为老狼获胜。若未击中，即为小羊们获胜。

⑤一轮游戏后，被沙包击中的幼儿当老狼，游戏继续。

3. 创编游戏玩法（二）

（1）游戏名称：小羊快回家（抢呼啦圈）。

（2）游戏玩法：

①活动前做热身操，避免幼儿在活动过程中受伤。

②场地中间分别摆放两组用十个呼啦圈组成的大圈。

③请一个幼儿当老狼，站在横线前。其他幼儿当小羊，站在两个大圈外。

④游戏开始，小羊们齐声问："老狼、老狼几点了？"

⑤老狼回答说："一点了。"小羊们绕着呼啦圈走，不停留，然后继续问："老狼、老狼几点了？"老狼回答说："两点了。"小羊们继续走，不停留。

⑥当老狼回答"天黑了"或"十二点了"时，小羊们快速找到呼啦圈，站进圈里。一个呼啦圈内只能站一名幼儿。

⑦被抓住的小羊或没进入呼啦圈的小羊即为失败。

4. 创编游戏的目的及意义

（1）目的：

①发展幼儿四散追逐跑的能力，锻炼幼儿的下肢力量。

②提高听力和数数能力。

③提高敏捷的反应能力和做动作的速度。

④锻炼幼儿身体的灵敏性及躲闪能力。

（2）意义：

①"老狼、老狼几点了"属于民间体育游戏，它有一定的趣味性、情节性，用老狼追、小羊跑的方式进行游戏。

②该游戏有很大的创编空间，能利用的游戏道具也是多种多样。

③通过不同的游戏玩法，提供不同的道具，可以实现多种技能的锻炼，达到全面发展的目的。

图 7-31

图 7-32

（七）民间体育游戏：拔河

（教师：李祎凡）

扫码看视频 7-17

1. 传统游戏玩法

（1）游戏名称：拔河。

（2）游戏玩法：

①活动前做热身操，避免幼儿在活动过程中受伤。

②全班幼儿分为两队，每队男、女生人数要一致，以保证比赛的公平性。

③两队幼儿分别站在绳子的两端，绳子中间系一根红绳，地上做好中间标记。

④两队幼儿听教师口令拿起绳子。当比赛开始时，两队幼儿同时向后用力拉。

⑤当其中一队第一个幼儿的身体超过地上的中间标记时，则为失败，即另一队获胜。

（3）游戏规则：

比赛时注意安全，每队幼儿侧身站立，幼儿之间要留有空隙，避免发生踩踏。排在队尾的幼儿不可将绳子缠在身上。

2. 创编游戏玩法（一）

（1）游戏名称：不要过河。

（2）游戏玩法：

①活动前做热身操，避免幼儿在活动过程中受伤。

②教师在地上画出一条宽约一米的"河"，两队幼儿分别站在河的两边。

③当教师发出"开始"的口令时，两队幼儿开始拔河。拔河时，注意脚不能掉进"河"里。脚掉进"河"里的队伍即为失败，则另一队获胜。

3. 创编游戏玩法（二）

（1）游戏名称：抓小旗。

（2）游戏玩法：

①活动前做热身操，避免幼儿在活动过程中受伤。

②全班幼儿分成两队，每队男、女生人数要一致，以保证比赛的公平性。

③两队幼儿分别站在绳子的两端，绳子中间系一根红绳，地上做好中间标记。

④站在队伍最后的幼儿穿好背心，背心连着绳子，背对着队伍，去拿场地外的小旗子。

⑤当教师发出"开始"的口令时，两队幼儿同时向后拉绳子，帮助最后一名幼儿顺利地拿到小旗子。比赛结束时，哪队拿到的旗子最多，则哪队获胜。

4. 创编游戏的目的及意义

（1）目的：

①发展幼儿上肢肌肉力量，培养团队合作的精神。

②在游戏中学会自我保护的方法。

③通过"抓小旗"游戏激发幼儿的拼搏精神。

（2）意义：

拔河比赛是孩子们非常喜欢的一个竞技类体育项目。拔河讲究技巧，可以在比赛中让幼儿探究力量与拔河姿势的关系，培养孩子们的团队合作意识及提高身体素质。同时，它又有着一定的创编空间，在拔河的基础上，可以变换不同的玩法。游戏时，还能让幼儿体验到紧张和刺激的情绪，培养了他们的竞争意识。

图 7-33

图 7-34

（八）民间体育游戏：拍手背

（教师：孙雨菲）

1. 传统游戏玩法

扫码看视频 7-18

（1）游戏名称：拍手背。

（2）游戏玩法：

两名幼儿以猜拳来决定谁先拍。拍者掌心向上，将手掌放在对方的手心下面，看准机会，用手心去拍对方的手背。如能成功，则继续拍。一旦拍空，两人交换角色。

（3）游戏规则：

游戏可限制时长，游戏时间到，应立即停止游戏。每拍到手背一次就要换一个人。同一个人不可连续拍。拍手背时，提示幼儿注意力度，不可以力气过大。

2. 创编游戏玩法

（1）游戏名称：看谁反应快。

（2）游戏玩法：

①两名幼儿以猜拳来决定谁先拍。

②拍者掌心向上，将手放在对方的手心下面，蒙好眼睛之后，数"一、二、三"，找准机会，用手心去拍对方的手背。如能成功，则继续拍。一旦拍空，两人交换角色。

（3）游戏规则：

拍者一定要蒙住眼睛，数"一、二、二"。每拍到手背　次，就要换人。同一个人不可连续拍。拍手背时，提示幼儿注意力度，不可以力气过大。

3. 创编游戏的目的及意义

（1）创编游戏改变传统游戏"拍手背"的简单玩法，通过喊"一、二、三"的方式增加紧张、刺激的感觉。在拍手背的过程中，提高幼儿的反应能力。通过紧张的刺激感，让幼儿对游戏留下深刻的印象，从而喜欢这个游戏。

（2）通过蒙住眼睛这一环节提高幼儿对事物的专注力，让幼儿在看不见的情况，能集中自己的其他注意力。

（3）游戏具有竞争性，能提升幼儿参与游戏的热情，加深幼儿与同伴之间的感情，留下美好的回忆。

图 7-35　　　　　　　　　　　　图 7-36

（九）民间体育游戏：贴人

（教师：曹俊雅）

扫码看视频 7-19

1. 传统游戏玩法

（1）游戏名称：贴人。

（2）游戏玩法：

①请两名幼儿站在圈外，一个当追逐者，另一个当被追逐者，其余幼儿每两人一组，一前一后站在圈上，左右间隔约一步。

②游戏开始时，追逐者与被追逐者围着圆圈快跑追逐。在跑动的过程中，被追逐者可以跑到任何一对幼儿的前面站住（贴人），这时，被贴的这对幼儿后面的一名幼儿就变成了被追逐者，应立刻沿着圈外快跑，追逐者继续追。如果被捉到，则另换追逐者或被追逐者。如果被捉者连续贴人三次仍未被捉到，则另换追逐者，游戏重新开始。

（3）游戏规则：

要求所有幼儿集中注意力，注意观察被追逐者是否站在了自己这组（两人一组）的前面。一旦发现是这种情况，站在后面的幼儿应立即沿圈外向前跑。

2. 创编游戏玩法

（1）游戏名称：看谁反应快。

（2）游戏玩法：全体幼儿分成几组，每组排成一行，几组幼儿一起围成一个圈。由一个人负责捉，被捉的人要是站在其中一组中第一个人的前面（意思就是站到了一组幼儿的最前面），那么他所站那组的最后一个人就变成了被捉的人，开始逃跑。以此类推，被捉的人跑到一组的最前面站好，就不能再被捉。捉人者只要抓到跑的那个人就可以了。

（3）游戏规则：由于每组幼儿人数增多，要求排在每组最后一名的幼儿集中注意力，注意观察被捉者是否站在了本组的最前面。

3. 创编游戏的目的及意义

"贴人"是我们小时候经常玩的一个民间游戏，它可以锻炼幼儿的快速反应能力和合作意识。但是，现在会玩这种游戏的幼儿已经不多了。为了更好地传承民间传统游戏和创新玩法，教师设计了本次游戏。

图 7-37 　　　　　　　　　　　图 7-38

（十）民间益智游戏：摸瞎子

扫码看视频 7-20

（教师：李　亮）

1. 传统游戏玩法

（1）游戏名称：摸瞎子。

（2）游戏玩法：

①选择一名幼儿，用丝带蒙住眼睛，当"瞎子"。

②其他幼儿保持安静。

③随机选择一名幼儿站在"瞎子"面前，"瞎子"用手触摸对方的头部，借此来猜测该名幼儿姓名。

（3）游戏规则：

"瞎子"在摸的过程中，手要轻柔，通过触摸对方面部轮廓、五官、衣着、发型等判断对方的性别、身高及五官，共有三次猜测机会。在此过程中，其他幼儿不得出声提示。

2. 创编游戏玩法

（1）游戏名称：这是我的好朋友。

（2）游戏玩法：

①请幼儿找到自己的好朋友，两人一组，面对面地坐着。

②认真观察好朋友的外貌特征、衣着等。

③请一组幼儿为大家介绍自己的好朋友。

（3）游戏规则：

①能用合适的语言形容自己好朋友的外貌特征。

②教师可以给每个五官提供参照物，如小号毛球、一角钱硬币、手掌等。幼儿在形容对方五官时，可以和参照物做对比，也可以和自己的五官进行比较。

3. 创编游戏的目的及意义

（1）在传统游戏"摸瞎子"的基础上，幼儿通过进一步观察与感知，首先进行生命自我认知的思考，以自我为标准，尝试用恰当的语言形容、描述自己的好朋友。

（2）幼儿在认识自我的基础上，结合中班幼儿语言表达能力及感知觉的发展，在"摸"和"猜"的基础上加入感知、观察和描述，创编成新游戏。这不仅帮助幼儿对同伴有了更深入的认知，促进幼儿之间的交往，而且也让幼儿学会了使用合适的形容词来描述自己的好朋友，实现了积极的自我认知目标。

图 7-39

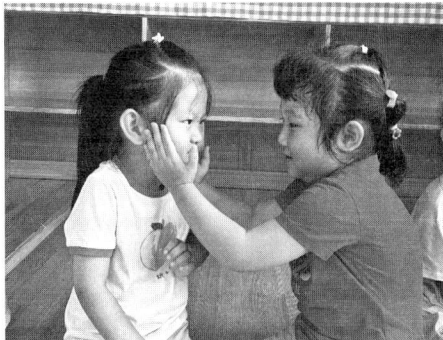
图 7-40

三、大　　班

（一）民间体育游戏：多人跳皮筋

（教师：刘亚萍）

扫码看视频 7-21

1. 传统游戏玩法

（1）游戏名称：跳皮筋。

（2）游戏玩法：

①跳皮筋，也叫跳橡皮筋、跳橡皮绳、跳猴皮筋，是一种适合儿童的民间游戏，是在两脚交替跑跳中完成各种动作的全身运动，于 20 世纪 50 年代至 90 年代较为流行。

②两个幼儿撑好皮筋，皮筋高度从脚踝处开始，到膝盖、腰，难度越来越大，跳皮筋的人用脚按照一定节奏进行跳跃游戏。

（3）游戏规则：

跳皮筋分为单人跳和集体跳两种。由两人拉着约 3～4 米长的皮筋，在皮筋的中间单人跳或多人轮流跳。

2. 创编游戏玩法

（1）游戏名称：花样皮筋玩法。

（2）游戏玩法：

①将数条皮筋拉成各种形状，如三角形、正方形、五角星形、多边形、菱形、斜线形、人字形、八字形、波浪形、扇面形等，由许多人同时跳皮筋。

②跳皮筋的动作花样是由若干基本动作组成的组合动作。一个组合动作跳 2×8 拍，在儿歌或音乐的伴奏下进行跳跃。

附歌谣：

马 兰 花

小花猫，上学校。

老师讲课它睡觉。

左耳朵听，右耳朵冒。

你说可笑不可笑。

马兰开花二十一，

二五六，二五七，

二八二九三十一，

三五六，三五七，

三八三九四十一。

（3）游戏规则：

幼儿在跳皮筋的过程中，要与同伴保持距离，注意安全第一。

3. 创编游戏的目的及意义

（1）跳皮筋的游戏材料简单，只需一根橡皮筋，孩子们就可以开始游戏了。

（2）轻松地跳一会儿皮筋，可以让疲劳的大脑得到休息，促使脑细胞的兴奋与抑制转换，从而以充沛的精力投入游戏和学习中。

（3）跳皮筋不需要多大的场地，不受季节的限制，人数可多可少。它具有花样多的特点，适合大班幼儿的生理和心理发展需要，对锻炼身体确实行之有效。

图 7-41

图 7-42

（二）民间语言游戏：《拍手歌》

（教师：刘 钰）

扫码看视频 7-22

1. 传统游戏玩法

（1）游戏名称：《拍手歌》。

（2）游戏玩法：

①两人面对面坐好或站好，两只手先在胸前拍一下，然后拍拍对方的手。右手拍右手，左手拍左手，动作协调、有节奏。

②在游戏时边拍手边说歌谣，如，"你拍一、我拍一"，两人边说边拍手，当说到"一个小孩开飞机"时，两人同时做开飞机的动作。

（3）游戏规则：

游戏时，两人拍手时要对准。在做动作时，如果做错或做不出动作，则判为输掉游戏。

2. 创编游戏玩法（一）

（1）游戏名称：单人游戏《拍手歌》。

（2）游戏玩法：

单人游戏时，可以先拍击身体的各个部位，然后根据儿歌内容做出相应动作。如，"你拍一、我拍一"，可以手膝拍；"一个小孩开飞机"，做开飞机的动作；"你拍二、我拍二"，可以手肩拍；"两个小孩丢手绢"，做丢手绢的动作……

（3）游戏规则：

在游戏过程中，充分地与自己身体的各个部位进行互动，拍击动作要有节奏感。

3. 创编游戏玩法（二）

（1）游戏名称：我说你演《拍手歌》。

（2）游戏玩法：

双人配合游戏，利用我说你演的方式进行拍手游戏。每说完一句，两人相互交换角色。在说儿歌的时候，鼓励一个幼儿仿编儿歌内容，另一个幼儿根据儿歌内容及时做出相应动作。

如，幼儿 A：你拍一我拍一，一个小孩开飞机（穿花衣/织毛衣/做游戏……）。

幼儿 A 说前半句儿歌时，幼儿 A 和幼儿 B 拍手。当幼儿 A 说出"一个小孩×××"时，幼儿 B 立即做出相应的动作。

（3）游戏规则：

不能按照对方所说儿歌内容做出相应动作的为输。

4. 创编游戏的目的及意义

（1）《拍手歌》节奏感、韵律感强，诵读起来朗朗上口。创新游戏在此基础上衍生出单人游戏、我说你演的双人拍手游戏，有助于增强幼儿动作的协调能力及反应能力。

（2）在单人游戏中，通过与自己的身体各部位互动，认识自己的身体。在加强幼儿自我认知的基础上，增强幼儿自我保护的意识和能力。

（3）在我说你演的双人游戏中，充分调动幼儿思维，有助于语言能力的发展，加强了幼儿之间的互动，有助于幼儿的社会性发展，是对幼儿社会生命教育的一种积极方式。

（4）在游戏中，幼儿通过观察、思考并模仿事物的样子，从而认识周围的世界，激发幼儿对自然生命教育的认知。

图 7-43   图 7-44

（三）民间体育游戏：舞龙

（教师：王佩瑶）

1. 传统游戏玩法

扫码看视频 7-23

（1）游戏名称：舞龙。

（2）游戏玩法：

①双手伸平，先左手在上，向左伸直，换右手在上，向右伸直。

②双臂协调180°摆动，做舞龙动作。

③做小树摇（上肢运动）、跷跷板（下肢运动）、小转椅（体转运动）、摇船（腹背运动）、拍皮球（跳跃运动）等动作。

④"8"字舞龙：将龙体在身体左右两侧交替做"8"字形环绕舞龙动作，可快可慢。

⑤幼儿两人一组，以龙珠做牵引，进行"8"字舞龙练习。

（3）游戏规则：

幼儿在舞龙过程中，跟着龙珠游走，快慢相当。

2. 创编游戏玩法

（1）游戏名称：长龙争霸赛。

（2）游戏玩法：

①准备两套舞龙材料。幼儿分为两组，每三个幼儿为一组，舞一条龙。一个幼儿负责龙头，一个幼儿负责龙身，一个幼儿负责龙尾。

②一个幼儿拿绣球，舞龙的小朋友要眼睛看着绣球，跟随绣球舞龙。拿绣球的幼儿要求灵活、机动。两组幼儿看看，哪条龙舞得最神气、威武。

③拿绣球的幼儿玩累了，可以休息，换别的幼儿舞绣球。

④两条长龙分别越过障碍物，来到终点，争夺绣球。

（3）游戏规则：

跑动过程中，舞龙队形保持得好、又先夺得绣球的一队为胜。

3. 创编游戏的目的及意义

（1）目的：

①发展幼儿的跳跃、奔跑能力，能在运动中保持身体平衡。

②通过活动训练幼儿连续跳跃、奔跑及自觉遵守游戏规则的能力。

③体验两两合作、多人合作玩游戏的快乐，激发对民间舞龙表演的喜爱之情。

（2）意义：

①幼儿由个别游戏到两两游戏，再到分组三人合作游戏，游戏难度逐步增加。幼儿不仅要学会相互配合，还要将自己的思维过程用动作表达出来，这对幼儿来说，更具挑战性。

②整个活动为幼儿提供了学习与探索的机会，幼儿可以在一次次挑战中积累经验，获得快乐的游戏体验，发展动作的表现能力、语言表达能力和配合他人共同游戏的能力。

图 7-45

图 7-46

（四）民间语言游戏：词语接龙

（教师：王明月）

扫码看视频 7-24

1. 传统游戏玩法

（1）游戏名称：词语接龙。

（2）游戏玩法：

①幼儿两人一组。

②请一名幼儿抽取图卡组词，另一名幼儿按照首尾相连的规律用两个字的词语进行接龙（可以谐音），边说边做出相应动作，如：张开——开放——放学——学生——生气——气球——球队。

③两人轮流词语接龙，直到一人接不下去为止，该轮游戏结束。

（3）游戏规则：

①词语接龙过程中，用谐音也可以，不必要求是同一个字。

②幼儿进行词语接龙时不能使用重复的词语。

2. 创编游戏玩法（一）

（1）游戏名称：对答接龙。

（2）游戏坑法：

①幼儿两人一组。

②游戏开始时，两人同时念："我家弟弟真淘气，今晚带你去看戏。"然后采用一问一答的方式，一名幼儿先开口询问："什么戏？"另一名幼儿回答："游戏""什么游？""花生油。""什么花？""菜花。""什么菜？"……直到一名幼儿接不上为止，该轮游戏结束。两人交换角色，再次游戏。

（3）游戏规则：

游戏开始前，幼儿要商量好谁来问、谁来答。接龙时，可以同音不同字。

3. 创编游戏玩法（二）

（1）游戏名称：快乐传真。

（2）游戏玩法：

①幼儿分成两组，每组5～7人，排成一排站立。

②游戏开始时，每组的第一个人转身看词卡后，回过身来示意第二个人转向自己，并用动作表现词卡内容，给第二个人展示。第二个人看后，根据自己的理解表现给第三个人看，依次往后接龙，最后一个人说出前一个人用动作所表达的词语。说对词语的那一组获胜。

（3）游戏规则：

游戏时，每组幼儿要按照顺序一个个转身，用动作表现词语内容，可以使用形容词进行描述，但不得提到词语中的任意一个字。

4. 创编游戏的目的及意义

（1）词语接龙是一项传统的民间语言游戏，不需要特定的道具，随时随地可以进行，又能展示个人学识，深受大人、孩子的喜爱。词语接龙规则多样，有顺接、逆接、双飞等多种玩法。教师在此基础上，为幼儿降低了游戏难度，创编"对答接龙""快乐传真"游戏，让幼儿在游戏中积累词汇，拓展认知能力。

（2）在"对答接龙"游戏中，通过一问一答的方式，不断提高学习和运用词语的兴趣，加强幼儿对其现实生活中常用词语的学习和运用能力。

（3）在"快乐传真"游戏中，游戏巧设情境，以动作表现词语内容的方式，充分调动幼儿的生活经验，丰富词汇量，增强幼儿的词语理解和语言表达能力。幼儿之间相互配合完成游戏，有助于幼儿社会性的发展，是对幼儿进行社会生命教育的一种方式。

图 7-47

图 7-48

（五）民间语言游戏：拍洋画儿

（教师：王 娇）

扫码看视频 7-25

1. 传统游戏玩法

（1）游戏名称：拍洋画儿。

（2）游戏玩法：

①两人一组，每人拿出一张洋画儿放在桌面上。

②以猜拳的形式决定谁先来拍洋画儿。拍洋画儿时，手掌五指并拢，掌心中空，去拍洋画儿周围的任意一个位置，使洋画儿翻一个面。

③洋画儿翻过来，就可以赢走洋画儿。

（3）游戏规则：

在洋画儿时，手要拍在洋画儿周围任意一个位置并使洋画儿翻面。

2. 创编游戏玩法

（1）游戏名称：摔洋画儿。

（2）游戏玩法：

①幼儿2～5人为一组，进行游戏。每人在背后数好自己要出的洋画儿张数，同时拿到身前，洋画儿张数最多的人获胜，可以把其他人拿到身前的洋画儿都收集到一起。

②将收集到的所有洋画儿用力摔向地面，反面朝上的洋画儿归摔洋画儿的幼儿所有。

③地上剩余的洋画先放在桌子上。请下一局出洋画儿张数最多的人拿起并和身前所有人出的洋画儿放在一起，进行摔洋画儿，反面朝上的洋画归摔洋画儿的幼儿所有。

（3）游戏规则：

每次游戏都由拿出洋画儿张数最多的人进行摔洋画儿，反面朝上的洋画归摔洋画儿的人所有。

3. 创编游戏的目的及意义

（1）锻炼幼儿大臂的力量，增强幼儿对臂力的掌控能力。

（2）锻炼幼儿的思维能力，每次通过比较洋画儿张数多与少判断由谁摔洋画儿；通过观察地上剩余的洋画儿数量，思考并计算自己出多少张有赢得下一局的把握。

（3）增强了幼儿对数学的理解能力及思考问题、解决问题的能力。

图 7-49　　　　　　　　　　　　　　图 7-50

（六）民间益智游戏：翻花绳

（教师：张雅雯）

1. 传统游戏玩法

（1）游戏名称：翻花绳。

（2）游戏玩法：

①幼儿两人一组。

②两人轮流翻绳，每人翻一次，就会出现一个新的花样，轮流游戏，直到一方不能再翻下去为止。

扫码看视频 7-26

（3）游戏规则：

两个人要轮流翻绳，可以自由地探索多种翻绳方式。

2. 创编游戏玩法

（1）游戏名称：小小花绳。

（2）游戏玩法：

①幼儿两人一组。

②将两根长绳连成一根，两人用四只手撑起绳子，将绳子分别套在对角两只手中间的三根手指上，另外对角的两只手相互钩住绳子。最后，松开所有套在大拇指和小拇指上的绳子，便可以开始推拉着拍手了。

（3）游戏规则：

幼儿边翻绳边说歌谣，跟随歌谣节奏进行游戏。

附歌谣：

小 小 花 绳

小小花绳手中拿，四手撑开笑哈哈。

钩来钩去变魔法，两根翻绳出现啦！

拿出大指和小指，翻绳游戏刚开始。

推推拉拉拍拍手，花绳还有好朋友。

我们一起说歌谣，翻来翻去乐陶陶。

说的到底是什么谣？说的是：

小小花绳手中拿，四手撑开……（重复）

3. 创编游戏的目的及意义

（1）通过边说歌谣边翻花绳的游戏组合，提升幼儿的语言能力、合作能力及手眼的协调性，帮助幼儿进行节奏感的练习。

（2）幼儿自由地选择合作游戏伙伴，促进幼儿主动交往、自愿合作，扩大交往面。

（3）通过翻花绳游戏使幼儿感知传统语言游戏的乐趣。

图 7-51

图 7-52

（七）民间体育游戏：我的朋友真多呀

扫码看视频 7-27

（教师：郑丽圆）

1. 传统游戏玩法

（1）游戏名称：找朋友。

（2）游戏玩法：

幼儿边唱歌边随节奏拍手、走步，唱到"找到一个好朋友"时，幼儿站到一个朋友面前，并根据歌曲做动作。教师提问："你找到哪个好朋友了？""找到好朋友要和好朋友做什么？"游戏可以反复进行。

附儿歌：

找　朋　友

找呀找呀找朋友，

找到一个好朋友。

敬个礼，握握手，

你是我的好朋友。再见！

（3）游戏规则：

幼儿边唱歌边随节奏拍手、走步，唱到"找到一个好朋友"时，幼儿找到一个好朋友，并根据歌曲内容做出相应的动作。

2. 创编游戏玩法

（1）游戏名称：我的朋友真多呀！

（2）游戏玩法：

与幼儿一起创编儿歌，可以根据幼儿的性别、爱好、衣服特征、出生月份等进行创编，比如：找呀找呀找朋友，找到"与自己性别一样的"好朋友，"与自己出生月份一样的""与自己衣服颜色一样的"等，引号里的内容可以替换。可以根据变换的内容多玩几次游戏。每次游戏前要提示幼儿，注意找到符合变换内容条件的好朋友进行游戏。因此，平时要加强对好朋友的了解。

（3）游戏规则：

根据创编的儿歌内容，找到符合条件的好朋友。

3. 创编游戏的目的及意义

（1）"找朋友"是一个说唱型的民间体育游戏，它是发展幼儿听、说、想、做的综合型游戏。教师在原游戏基础上进行创编，发散幼儿思维，引导幼儿关注自己与同伴的身体特征、性别、爱好等，激发幼儿对生命探究的兴趣。

（2）通过游戏能增进幼儿与同伴之间的交往和感情，感受人与人之间有许多相同的特征，体验好朋友带来的幸福感。

图 7-53   图 7-54

（八）民间益智游戏：憋猫猫

（教师：刘　博）

1. 传统游戏玩法

扫码看视频 7-28

（1）游戏名称：憋猫猫。

（2）游戏玩法：

游戏开始前，两人先将棋子摆好。具体摆法是：一方将两枚棋子摆在"区"字左侧那一竖的两端，另一方则摆在右侧的两个角上，只留出"区"字中间的交叉点作为走棋的空当。两人通过猜拳确定谁先走棋后，游戏就可以开始了。"区"字状的棋盘上总共有五个交叉点，而棋子就占去了四个，所以每人、每次只能沿着"区"字里面或横、或竖、或斜的线段移动棋子的位置，而落棋必须在交叉点上。

（3）游戏规则：

游戏并不以吃掉对方棋子为目的，而是以"憋住"对方为赢。两个人在轮流走棋的过程中，什么时候一方被另一方的棋子堵住了全部的去路，无法再走的一方为输，对方为赢。

2. 创编游戏玩法

（1）游戏名称：憋猫猫。

（2）游戏玩法：

对弈双方各执两子，用猜拳的形式分出胜负，胜者先走棋。每轮都是如此，直至有一方被憋住，另一方胜出。

（3）游戏规则：

游戏双方遵守约定，用猜拳分出胜负。

3. 创编游戏的目的及意义

（1）锻炼幼儿的逻辑思维能力。

（2）在游戏中提高幼儿的预判能力。

（3）通过对弈游戏培养幼儿良好的行为意识。

（4）提高合作游戏的能力，体验成功的喜悦。

图 7-55

图 7-56

（九）民间语言游戏：顶锅盖

（教师：曹俊雅）

扫码看视频 7-29

1. 传统游戏玩法

（1）游戏名称：顶锅盖。

（2）游戏玩法：

两人一组，一人伸出右手手掌向下做"锅盖"，另一个人伸出右手食指，顶在锅盖下面，当"顶子"。两人一起念儿歌，当念到最后一个"气"字时，锅盖去抓顶子。抓住者问："今天烧的什么菜？"被抓者答："今天烧的××菜。"双方互换角色，继续游戏。没抓住的，则不用交换角色，重新开始游戏。

（3）游戏规则：

必须在说完"三口气"后，"锅盖"才可以抓"顶子"。"顶子"可以抽离躲避"锅盖"，提早抓或提早抽离都算犯规。

附儿歌：

顶 锅 盖

顶锅盖，油炒菜，

辣椒辣了不要怪。

呼（做吹气状），一口气，

呼，两口气，

呼，三口气。

今天烧的什么菜？

今天烧的××菜。

2. 创编游戏玩法

（1）游戏名称：大声说出为什么。

（2）游戏玩法：

多人游戏，一人伸出右手手掌向下做"锅盖"，其他人伸出右手食指，顶在"锅盖"下面，当"顶子"。大家一起念儿歌，当念到最后一个"气"字时，"锅盖"去抓"顶子"。抓住者问："你喜欢吃什么菜？"被抓者答："我喜欢吃××菜。"然后，抓住者追问："为什么喜欢这道菜？"被抓者答："因为……"双方互换角色，继续游戏。没抓住的则不交换角色，重新开始游戏。

（3）游戏规则：

必须在说完"三口气"后，"锅盖"才可以抓"顶子"，"顶子"可迅速抽离，躲避"锅盖"，提早抓或提早抽离都算犯规。同时，被抓者要正向、积极的回答。

难度升级：每个人两只手共同参与游戏，左手为"顶子"，右手为"锅盖"，用自己的右手抓旁边幼儿的"顶子"，一起说儿歌进行游戏。

3. 创编游戏的目的及意义

"顶锅盖"游戏是民间广为流传的语言听说类游戏。这首游戏儿歌前三句韵脚明显，朗朗上口，"盖""菜""怪"几个字音较容易混淆，而后几句则是互动问答的结构形式，内容贴近幼儿生活，充满了动感和趣味性。边游戏边说童谣不仅能够帮助幼儿理解并正确发出童谣中容易混淆的字音，还可以丰富幼儿有关常见菜肴的知识与经验。游戏可以使幼儿获得与同伴交往的经验，还可以提高幼儿身体的控制能力和反应能力，培养规则意识，锻炼表达能力，引导幼儿关注日常生活中的饮食及饭菜所含营养对身体的好处。

图 7-57   图 7-58

（十）民间体育游戏：滚铁环

（教师：王宇晴）

扫码看视频 7-30

1. 传统游戏玩法

（1）游戏名称：滚铁环。

（2）游戏玩法：

①内推铁环：幼儿手持长柄，将"U"字形铁钩放到圆圈内侧，铁环可斜靠长柄，将手部的力量通过长柄的钩子传递到铁环上，促使铁环在地面上快速地滚动。幼儿可以跟着滚动的铁环快速奔跑，努力保持铁环不倒。

②外推铁环：技术娴熟的幼儿可以尝试手持长柄，将"U"字形铁钩放到圆圈外侧，推着铁环向前滚动。幼儿可以跟着滚动的铁环快速奔跑，努力保持铁环不倒。

2. 创编游戏玩法（一）

（1）游戏名称：滚铁环大闯关。

（2）游戏玩法：

第一关：能用铁钩推着铁环走，并做到铁环不倒地。

第二关：能顺利地推着铁环走，灵活地用铁钩收回铁环。

第三关：能控制铁环拐弯，变换方向向前滚动，或绕过提前摆放的障碍物。

第四关：几名幼儿合作，接力推铁环。

（3）游戏规则：

①关注铁环的构造及材质，知道铁钩不能向上举，不能将钩子指向他人，钩子始终保持向下。

②在推铁环的过程中，能关注周围环境，避免发生碰撞。

③游戏结束后，应将铁钩与铁环分别摆放。

3. 创编游戏玩法（二）

（1）游戏名称：升级版"风火轮"。

（2）游戏玩法：

幼儿听到教师发出"向前"或"向后"等口令时，向指定地点滚动铁环。

（3）游戏规则：

①比赛中，铁环不倒地并率先冲过终点者获胜。

②幼儿游戏中应保持一定的安全距离，避免发生碰撞。

4. 创编游戏玩法（三）

（1）游戏名称：升级版"风火轮"。

（2）游戏玩法：

幼儿分为两组，挑战距离20～30米不等，可以根据幼儿的人数和能力进行调整，以接力或两人比赛的形式进行。起跑后，开始蛇形跑。游戏过程中，推动铁环在规定范围内顺利通过障碍物且不影响他人、速度最快或完成传接任务者获胜。

（3）游戏规则：

推滚铁环的过程中，尽量避免碰到障碍物。

5. 创编游戏的目的及意义

（1）游戏能够锻炼幼儿的身体素质，增强幼儿的合作意识和大胆尝试的勇气，提高幼儿的应变能力和灵活掌握技巧的能力。

（2）此游戏充分锻炼了幼儿的身体机能，增强了幼儿之间的友谊，让幼儿体验集体合作的快乐和满足，并能在活动中增强幼儿的自信心和竞争意识。

（3）幼儿能自主参与到游戏中，体验游戏的乐趣，尝试游戏合作的技巧，感受集体合作的力量和伟大。

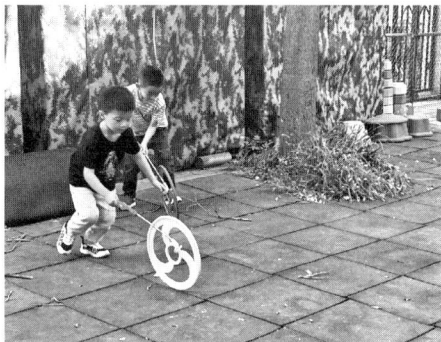

图 7-59   图 7-60

（十一）民间语言游戏：传话

（教师：刘千千）

扫码看视频 7-31

1. 传统游戏玩法

（1）游戏名称：传话。

（2）游戏玩法：

①幼儿5～7人为一组，每组第一个人抽一张纸条并记住纸条上的话，回到自己的座位上。

②第一个人把纸条上的话传给第二个人，第二个人再传给第三个人，一个一个地传下去。

③哪组最先传完，且最后一个人公布的答案正确，哪组获胜。

（3）游戏规则：

传话游戏中，每人只能说一遍纸条上的话。如果超过两遍或者忘了，自己可以主动退出游戏。

2. 创编游戏玩法

（1）游戏名称：快来认识我。

（2）游戏玩法：

①幼儿每 3～5 人为一组。

②教师就"生命自我认知教育"的内容任选一个题目，如：我最喜欢的一个身体部位、我的性格、我最擅长的事情等。由组内幼儿根据题目依次介绍自己，其他幼儿倾听并记忆。

③游戏开始时，每组从第一人开始介绍自己，第二个人重复第一个人的介绍后，再介绍自己，第三个人重复前两个人的介绍后，再介绍自己，以此类推。

（3）游戏规则：

传话速度快、复述准确的组获胜。

3. 创编游戏的目的及意义

（1）创编的游戏由教师命题，幼儿进行生命自我认知的思考并介绍自己，问题可由外到内、由浅入深层层递进。

（2）通过逐一复述前面幼儿的介绍再加自己的介绍这一游戏形式，锻炼幼儿的记忆力和专注倾听的能力，引导幼儿更深入地了解同伴，促进同伴间的交往，实现积极的自我认知目标。

图 7-61　　　　　　　　　　　　　　图 7-62

（十二）民间体育游戏：跳大绳

（教师：刘　媛）

1. 传统游戏玩法

扫码看视频 7-32

（1）游戏名称：跳大绳。

（2）游戏玩法：

两名幼儿摇绳，其余幼儿排成一路纵队，需从绳的一侧跳至另一侧。跳过的幼儿在同侧另一端排队，"8"字形循环接替跳绳。

（3）游戏规则：

跳绳的幼儿逐一进入绳区，且必须在进入后成功跳绳一次，方可计数一次。若有人在跳的过程中失误，致使摇绳中断，则为失败，不计数。失误的幼儿快速走出绳区，继续排队。比赛继续进行。

2. 创编游戏玩法

（1）游戏名称：穿越火线。

（2）游戏玩法：

①选择六名幼儿撑绳。每两人为一组，一人拽住跳绳的一端，三组幼儿按顺序站好。

②关卡一：撑绳的幼儿蹲下，把绳子放在小腿位置，其余幼儿排队，依次跳过。

③关卡二：撑绳的幼儿蹲下，把绳子放在膝盖位置，其余幼儿排队，依次跳过。

④关卡三：撑绳的幼儿直立，把绳子放在大腿位置，其余幼儿排队，依次手脚着地，爬过绳子。

⑤关卡四：撑绳的幼儿把绳子放在大腿根的位置，其余幼儿排队，依次跨过绳子。

⑥关卡五：撑绳的幼儿把绳子放在肩膀的位置，其余幼儿排队，依次向后压腰、仰面钻过绳子。

（3）游戏规则：

在所有关卡中，幼儿身体一旦碰到绳子，则为闯关失败。

3. 创编游戏的目的及意义

在创新游戏中，通过逐级加大游戏难度，激发幼儿的游戏兴趣，提高幼儿身体的灵活性，同时也增强幼儿不怕困难、敢于接受挑战的品质。

图 7-63

图 7-64

（十三）民间体育游戏：抬花轿

（教师：刘　钰）

扫码看视频 7-33

1. 传统游戏玩法

（1）游戏名称：抬花轿。

（2）游戏玩法：

①幼儿三人为一组，其中两人用双手搭出"花轿"，两人都用右手握住自己的左手手腕，再用左手握住对方的右手手腕，形成"井"字形后，蹲下来。

②一人当作客人，坐上轿子，两只脚分别伸进搭花轿人的两臂中间，坐在四只手搭出来的"井"字形手背上。然后，搭花轿的人站起来，抬着客人往前走或左右摇晃。

（3）游戏规则：

①确保搭花轿的人要握紧手腕，行进的途中千万不能松开，以免发生危险。

②游戏过程中，三人注意保持平衡，以防摔倒。

③当坚持不住时，一定要及时发声提醒，搭花轿的两个人将客人平稳地放在地上，再松开手。

2. 创编游戏玩法（一）

（1）游戏名称：音乐游戏"抬花轿"。

（2）游戏玩法：

幼儿两人一组，配合搭出花轿，跟随音乐做出抬轿子的动作，引导幼儿表现出抬花轿时上下颠花轿的动作，并在游戏中加入舞蹈动作，如踵趾步、蹦跳步等。

（3）游戏规则：

①两名幼儿要相互配合，步伐一致地向前走。

②两人配合，有节奏地做出舞蹈动作。

3. 创编游戏玩法（二）

（1）游戏名称：万能工匠"轿子来啦"。

（2）游戏玩法：

幼儿用"万能工匠"体育器械搭建好轿子。四名幼儿为一组，一起充当抬轿子的人，即轿夫，并在游戏前和幼儿一起讨论，几个人可以站在轿子里。通过尝试得出最适宜坐轿子的人数，如四人。四名轿夫从起点吆喝"轿子来了，坐轿子了"。想坐轿子的人站在轿子里。轿夫抬起轿子，将客人带到其他的户外活动区。客人下轿子，进入游戏区。游戏循环开展，可以更换轿夫。

（3）游戏规则：

①商讨出适宜参与游戏的幼儿人数。人数过多，容易发生摔倒、碰撞等问题，鼓励幼儿轮流游戏。

②在游戏过程中，找出保持平衡的方法，如轿夫和客人步调一致、匀速前进，客人扶着轿身，让轿子更稳固，不易侧翻。

③在游戏过程中，不追跑、打闹。

4. 创编游戏的目的及意义

"抬花轿"是我国传统的民间体育游戏。通过游戏可以锻炼幼儿身体的协调能力及合作能力。在与同伴合作游戏的过程中，可以开展平地快走、左右摇晃等不同的游戏玩法，从而体验合作游戏的快乐。

因为幼儿之间存在体能差异，有些个子小、力气小的幼儿无法体会搭轿子载人的乐趣而只能担任坐轿子的角色。因此，教师对此游戏进行了玩法上的创编，舍弃了坐轿子的人这一角色，增加了舞蹈的元素，幼儿在随着音乐舞蹈的过程中感受与人合作的乐趣，增强了幼儿身体的灵活性和协调性。除此之外，为了解决幼儿臂力小、抬人困难的问题，教师利用"万能工匠"体育器材搭建"轿子"，创编出了"轿子来啦"更加安全、更具有趣味性的合作游戏玩法，使之前游戏中的两人或三人间的游戏扩充为最多可由八人共同开展的游戏，参与游戏的幼儿多了，游戏的乐趣也变多了。在八个人的相互配合下，游戏变得更加丰富多彩。孩子们在合作游戏的过程中也收获了快乐和更多的友谊。

图 7-65

图 7-66

（十四）民间体育游戏：足球小将

（教师：郭萌萌）

1. 传统游戏玩法

扫码看视频 7-34

（1）游戏名称：踢足球。

（2）游戏玩法：

设置一个球门。门前设置一名守门员。踢足球的幼儿人数不限，用脚带球绕场一周后，将球踢入球门为胜。

（3）游戏规则：

①除守门员外，其他队员只能用脚带球，不可以用手接触足球。

②要求用脚带球绕场地一周后，再射门。

2. 创编游戏玩法

（1）游戏名称：足球小将。

（2）游戏玩法：

幼儿每十人一组进行游戏，五人为一队，分为两队。每队有一个球门，门前有一个守门员，负责阻止对方球员将球踢入球门。每队球员有自己的位置，通过传球把球传给队友。球射进对方球门，本队计一分。

（3）游戏规则：

①除守门员外，其他队员只能用脚传球，不可以用手接触足球。

②场地设定在一定范围之内，不可以出界。

3. 创编游戏的目的及意义

蹴鞠是我国传统的民间体育游戏，慢慢地演化成体育竞技运动项目——足球。教师将这一体育运动项目创编为幼儿园可进行的游戏活动。在游戏的过程中，可以锻炼幼儿身体的协调能力、配合能力，提高身体素质。在队员之间的共同合作下，体会到胜利的喜悦带来的成就感，以及集体荣誉感。同时，也锻炼了幼儿的抗挫折能力，在活动中有担当、有合作，从而体验合作游戏的快乐。

在数字化时代的大背景下，幼儿接触电子产品较多，往往出现营养过剩、缺乏体育锻炼等情况，导致幼儿身体素质下降，患肥胖症、近视眼的概率增加。通过创编新的足球竞技游戏，使幼儿在集体性的游戏活动中有分工、有合作，体验到了合作游戏的快乐，提高了身体素质和规则意识。

图 7-67

图 7-68

（本章由关海燕、李莹、王茜、刘博、郑丽圆、闫佳宁、付佳等著）

第八章 传统文化下生命教育课程之主题活动

一、主题活动：九九重阳节 浓浓祖孙情

（一）主题活动由来

重阳节是我国的传统节日。为了让小班幼儿知道农历九月初九是重阳节，体会爷爷、奶奶平时照看自己的辛苦，懂得感恩，用爱温暖身边的每一位老人。在这个尊老、爱老的日子里，为了引导幼儿用自己的行动表达对爷爷、奶奶的情感，弘扬中华民族敬老、爱老的传统美德，班级开展了"九九重阳节 浓浓祖孙情"的主题活动，在营造了尊老、爱老良好风气的同时，也加深了幼儿对重阳节内涵的理解。

（二）总 目 标

1. 知道农历九月初九是我国的传统节日——重阳节，知道重阳节是爷爷、奶奶的节日，也是尊老、敬老、爱老、助老的节日。

2. 了解重阳节的基本习俗，并参与到重阳节的传统习俗活动中，体验并感受传统习俗带来的乐趣。

3. 了解老人的生活，激发对爷爷、奶奶的爱戴之情，能体会爷爷、奶奶照看自己的辛苦，懂得他们对自己的爱。

4. 知道要尊敬老人，能用自己的方式表达对家里老人的关心和爱护，培养幼儿从小树立尊老、敬老的中华传统美德。

5. 在与祖辈一起游戏的过程中，感受互相关爱的温暖和快乐。

（三）主题活动网络图

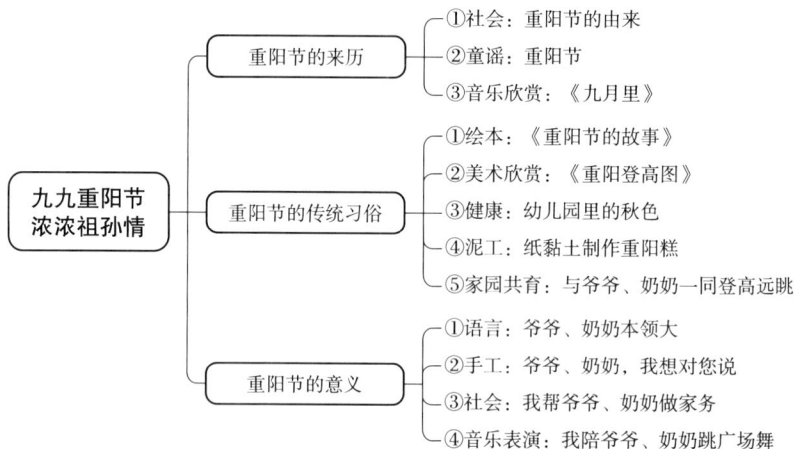

九九重阳节
浓浓祖孙情

- 重阳节的来历
  - ①社会：重阳节的由来
  - ②童谣：重阳节
  - ③音乐欣赏：《九月里》
- 重阳节的传统习俗
  - ①绘本：《重阳节的故事》
  - ②美术欣赏：《重阳登高图》
  - ③健康：幼儿园里的秋色
  - ④泥工：纸黏土制作重阳糕
  - ⑤家园共育：与爷爷、奶奶一同登高远眺
- 重阳节的意义
  - ①语言：爷爷、奶奶本领大
  - ②手工：爷爷、奶奶，我想对您说
  - ③社会：我帮爷爷、奶奶做家务
  - ④音乐表演：我陪爷爷、奶奶跳广场舞

（四）活 动 案 例

活动 1 重阳节的由来

活动目标

1. 初步了解重阳节的由来及相关风俗。
2. 观看传统故事视频，初步了解重阳节的来历。
3. 懂得敬老、爱老是光荣传统，知道要尊敬长辈。

活动准备

《常回家看看》《重阳节的由来》动画视频，介绍重阳节习俗的 PPT 课件。

活动过程

1. 导入环节。

（1）请幼儿观看视频《常回家看看》的动画视频。教师提问并与幼儿交流。

教师：刚才，你们从视频中看到了什么？（激发幼儿情感共鸣）他们在做什么？（小孩与大人回家看望长辈，祖孙团聚的场面）

（2）导入重阳节。

教师：我们小朋友有自己的节日——六一儿童节，爷爷、奶奶也有属于自己的节日，让我们一起来认识一下这个传统节日吧！

2. 重阳节的由来。

（1）请幼儿观看《重阳节的由来》动画视频。

（2）教师讲述并介绍重阳节的来历。

教师：相传在古时候，有一个叫"桓景"的名士，农历九月初九那一天，为了庆祝消除瘟神，全家一起登高，佩戴茱萸花，喝用菊花酿制的酒。从此，人们将农历九月初九设为吉祥的日子，会相约出游。这之后，重阳节和相关的习俗也随之产生了。

3. 总结并提升。

（1）教师：小朋友们，在1989年，我国把每年的农历九月初九定为"老人节"，也就是爷爷、奶奶们的节日。

（2）教师让幼儿观看为爷爷送礼物的画面。

教师：爷爷、奶奶收到礼物，他们的表情是什么样子的？

（3）教师：我们还可以为爷爷、奶奶做些什么，让他们开心呢？

（4）幼儿讨论并交流。

（5）小结：重阳节是全社会尊老、敬老、爱老、助老的节日，相关的传统习俗也一直存在。

图 8-1

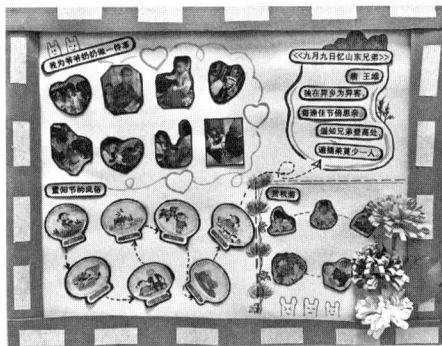

图 8-2

图 8-3

图 8-4

图 8-5

活动 2 幼儿园的秋色

活动目标

1. 对重阳节登高赏秋的习俗有初步的了解，认识秋天的景色特征。

2. 在欣赏幼儿园秋天的景色或参加秋游活动时保持情绪愉快、稳定。

3. 体验传统习俗——登高的乐趣，喜欢欣赏秋天的美景。

活动准备

幼儿园户外种植园、大滑梯、攀爬架。

活动过程

1. 创设情境。

教师扮作列车长：小朋友们，我是列车长，欢迎踏上"重阳号"列车。今天，我们准备开着小火车，去幼儿园参观秋天的景色，并且登上幼儿园的攀爬架，体会在高处眺望的快乐！（激发幼儿参与赏秋活动的乐趣）小乘客们，你们准备好了吗？

2. 观赏活动。

（1）教师：小朋友们，请拉好前面的火车车厢，"重阳号"列车就要出发啦！

（2）第一站，教师带领幼儿参观幼儿园种植园，向幼儿讲解种植园里的各种蔬菜、花卉，引导幼儿认识各种植物。可随时进行提问，引导幼儿交流并讨论。

教师：小朋友们，现在是秋天，你们觉得秋天的花朵和树叶有什么变化吗？

（3）第二站，教师带领幼儿体验登高的乐趣，带领幼儿登上攀爬架，教师可随时进行提问。

教师：小朋友们，我们站得很高，你们有什么感受？下面的事物和我们在平地上看到的一样吗？

幼儿交流并讨论，教师针对幼儿的回答及时梳理、总结。

3. 教师小结。

教师：今天，我们的旅程就要结束啦！你们的感受怎么样啊？都看到了哪些秋天的景色？

幼儿交流并讨论。

4. 活动延伸。

教师：请你们放假和爸爸、妈妈、爷爷、奶奶一同去秋游。放假回来后，告诉老师你去了哪里、有什么感受。

活动3　爷爷、奶奶，我想对您说

活动目标

1. 愿意自己动手粘贴五官贴纸，制作感恩贺卡，初步懂得要关爱老人。
2. 能用自己喜欢的方式装饰贺卡，并勇敢地说出对爷爷、奶奶的祝福。
3. 乐于参与制作贺卡活动，体验为祖辈送礼物的快乐。

活动准备

教师提前制作一张美丽的贺卡、《给爷爷的贺卡》底图卡、五官贴纸、彩纸、胶棒、彩笔、剪刀等。

活动过程

1. 谈话导入。

（1）出示制作好的贺卡。

教师：老师非常爱自己的爷爷、奶奶。为了庆祝重阳节，我做了一件礼物想送给我的爷爷、奶奶，请你们看一看。

（2）介绍贺卡。

教师：这是我给我的爷爷、奶奶制作的贺卡，这上面有什么呢？

幼儿：爷爷、奶奶和小朋友。

教师：这里有我送给爷爷、奶奶的祝福，我祝爷爷、奶奶身体健康，天天开心。我们一起为爷爷、奶奶制作贺卡吧！

2. 示范制作贺卡的方法。

（1）教师示范制作贺卡的步骤。

（2）教师：请小朋友们看老师这里（出示《给爷爷的贺卡》底图卡），将准备好的五官贴纸依次贴到纸的正面，再画上眼睛、嘴巴，一张贺卡就做好了。

3. 制作贺卡。

（1）幼儿制作贺卡，教师巡回指导并提示使用剪刀时要小心。

（2）填写祝福语。

教师：你们有什么不一样的祝福语送给爷爷、奶奶？

教师：小朋友们很棒，想了这么多的祝福语。老师请小朋友们做好后，拿着自己的贺卡，告诉老师你想要对爷爷、奶奶说的祝福语，老师帮你们写下来。

4. 欣赏与交流。

互相欣赏作品，交流贺卡上的祝福语。

教师：现在，每一个小朋友都制作了好看的贺卡。请你们将贺卡带回家，送给自己的爷爷、奶奶，对他们说一说最好听的祝福语。

活动 4 我帮爷爷、奶奶做家务

活动目标

1. 了解爷爷、奶奶的辛苦，愿意关心老人，能帮助老人做一些力所能及的事。

2. 锻炼幼儿的动手能力，在共同的劳动中加深祖孙之间的感情。

3. 愿意为老人做家务，感受陪伴老人的喜悦。

活动准备

事先准备爷爷、奶奶在家里做家务的照片、娃娃家及玩具。

活动过程

1. 创设情境。

教师：奶奶有些发愁，原来她要在家里搞一个大扫除。可是，家里都是小朋友的玩具，太乱了，奶奶一个人收拾不完，你们能不能帮奶奶把玩具整理好呢？谁能帮帮奶奶？（激发幼儿帮助老人做家务的兴趣）

2. 谈话环节。

（1）教师：小朋友们，你们在家做过家务吗？

（2）请幼儿说一说爷爷、奶奶在家里会做哪些家务。

（3）幼儿讨论在家里可以做什么家务活儿、如果不会做怎么办，举例说明。

3. 进入娃娃家，帮助奶奶整理玩具。

（1）教师：请小朋友们看看，奶奶家哪里需要收拾呢？

（2）幼儿讨论并回答。

（3）请幼儿进入娃娃家整理玩具，教师巡视并指导。

（4）小结：孩子们，现在，我们的娃娃家真整齐！奶奶看到你们把玩具都放进了柜子里，家里的东西也都摆放得很整齐，她很开心！你们真是奶奶的得力小帮手！发给每个小朋友一张小贴画，作为奖励！

4. 布置小任务。

教师：小朋友们可真厉害！我们回家后，帮助爷爷、奶奶做一件力所能及的事情吧！让爷爷、奶奶们知道我们长大了，能做他们的小助手了，他们一定很开心！

二、主题活动：过年了

（一）主题活动由来

在中国，每逢传统节日，人们都会开展一些民俗活动，来传承千百年来的民族文化。春节应该是集中了所有情结的、最重要、最隆重的时刻，民间广为流传的歌谣"小孩儿小孩儿你别馋，过了腊八就是年……"正是介绍了春节期间的民俗活动。中国人的年是从腊月二十三的祭灶开始，直到正月十五才结束，它代表着旧年的结束和新年的开始。春节之前，不论大人、小孩，都要理发、洗澡，给自己打扮一番，以崭新的面貌迎接新年的到来。家家户户都要把家里打扫干净，贴春联、贴"福"字，挂起一盏盏红灯笼。到处都是红色，洋溢着春节的热闹与喜庆。

近期，教师在图书区投放了几本传统文化的绘本，孩子们对《团圆》这本绘本很感兴趣。我们追随着绘本故事的内容和幼儿的兴趣，开展了"过年了"的主题活动，旨在通过参与腊八节、春节等各种活动，引导幼儿亲身感受浓浓的年味、共享家人团聚的欢乐，了解过年的一些风俗习惯，加深对我国传统节日的认识。

（二）总　目　标

1. 知道做腊八粥的主要材料，初步尝试用语言表达自己的认识与感受。
2. 知道腊八节的来历和风俗习惯，感受传统民俗节日的气氛。
3. 认识各种粗粮，感知它们的名称、外形特征和营养价值。
4. 能用绘画和手工的方式制作新年礼物、装扮教室，营造喜庆的氛围。
5. 知道春节是中华民族的传统节日，对春节习俗感兴趣，有积极参与过年活动的愿望。
6. 理解拜年的含义，学习用合适的祝福语给长辈和同伴拜年。
7. 愿意并主动参与过年的各种活动，能用不同的方式表达自己的感受。

（三）主题活动网络图

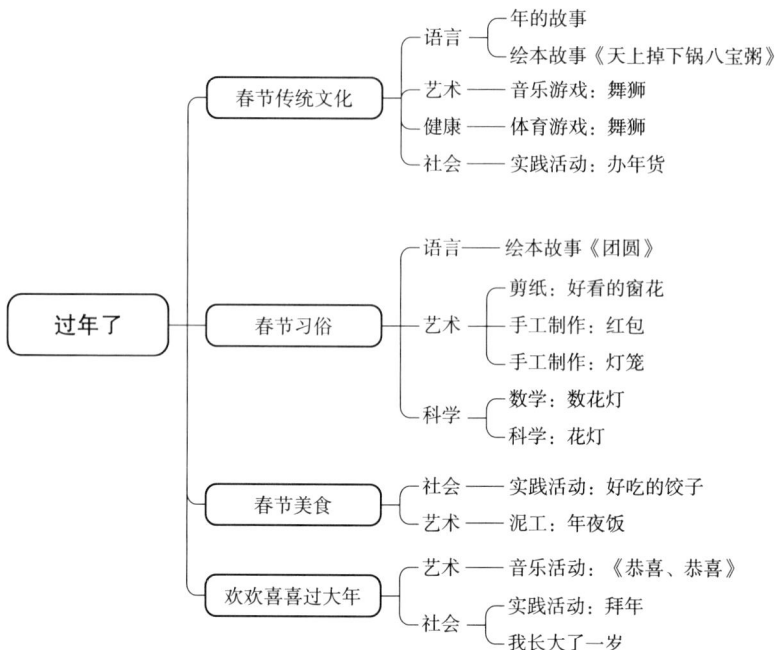

（四）活动案例

活动 1　《天上掉下锅八宝粥》

活动目标

1. 知道腊八节是我国的传统节日，了解腊八节的来历和习俗。

2. 知道腊八粥的主要材料，尝试用语言表达自己的认识和感受。

活动准备

各种腊八粥的相关图片、制作腊八粥的各种材料、绘本故事《天上掉下锅八宝粥》、故事视频《腊八粥》。

活动过程

1. 欣赏绘本故事《天上掉下锅八宝粥》。

（1）教师：哪一天是腊八节？

（2）教师：故事告诉我们什么呢？

（3）教师：腊八粥里面都有什么呢？

2. 了解腊八节吃腊八粥的习俗。

（1）教师：我们每天的早餐都会吃些什么呢？

（2）教师：你们都喝过什么样儿的粥呢？

（3）教师：小朋友们，请你们看图片，说说粥里面有哪些东西。（强调腊八节、腊八粥）

小结：这是我们腊八节时吃的腊八粥。粥里面有红枣、桂圆、红豆、绿豆、花生、葡萄干、栗子、莲子。

3. 介绍腊八粥。

观看故事视频《腊八粥》，介绍腊八粥的各种佐料、谷物。

教师向幼儿逐一介绍腊八粥的各种佐料、谷物，引导幼儿简单了解这些谷物的形状、颜色及营养价值。

4. 活动延伸。

教师：腊八节除了有好听的故事，还有一首有趣的儿歌，我们一起来听一听。"小孩儿小孩儿你别馋，过了腊八就是年；腊八粥，喝几天，哩哩啦啦二十三；二十三，糖瓜粘；二十四，扫房子；二十五，冻豆腐；二十六，去买肉；二十七，宰公鸡；二十八，把面发；二十九，蒸馒头；三十晚上熬一宿；初一、初二满街走。"

活动 2 办 年 货

活动目标

1. 了解过春节之前人们采购年货的习俗。

2. 愿意与同伴交流自己购买的年货，别人讲述时能认真地倾听。

活动准备

1. 每人带一份年货到幼儿园与同伴分享。

2. 六个盘子里分别装有瓜子、花生、糖果等。

活动过程

1. 谈话导入。

（1）教师：快过年了，爸爸、妈妈带你们买年货了吗？

（2）教师：你们在哪儿买的年货？

2. 介绍年货并分类。

（1）介绍年货。

教师：你们去超市买年货时，看到了什么？超市里和平时有什么不一样？

教师：你们买了哪些年货？

幼儿介绍并展示其带来的年货。

（2）尝试分类。

教师：这里有好多年货，能不能给它们分分类？

幼儿根据年货的不同种类进行分类，并将其分装到不同的盘子里。

（3）小结分类情况。

3. 品尝与交流。

教师：让我们一起尝尝小朋友们带来的年货味道如何？

每桌一盘瓜子、花生、糖果等。每组幼儿品尝完后，把桌面收拾干净。

4. 活动延伸。

学习儿歌《新年》。

活动 3　长大一岁了

活动目标

1. 知道自己过新年就要长大一岁。

2. 喜欢玩"击鼓传花"的游戏，感受歌舞表演带来的欢快气氛。

活动准备

1. 幼儿小班时及近期照片。

2. 记录纸、笔。

活动过程

1. 出示幼儿小班时及近期照片，了解自己长大了一岁。

（1）教师：小朋友们，这是我们小班时拍的照片，那张照片是最近照的，你们发现自己有什么不同呢？

（2）小结：小朋友们说得都很对，过了一个新年，我们又长大了一岁，有了一些变化。

2. 通过比较、讨论，了解长大后身体、心理等的变化。

（1）教师：长大了一岁，到底有哪些地方有变化呢？请你们和旁边的小朋友讨论一下。

（2）幼儿回答，教师用画简图的方法在记录纸上记录。如，长高了、头发长长了、手和脚变大了等。

（3）教师：你们长大了一岁，除了身体上有一些变化，还学会了做哪些事情？有什么本领呢？

（4）小结：长大了一岁，我们有了很多变化，比如长高了、体重变重了，手和脚长大了，变得更加懂事、更加能干了。

3. 和幼儿一起讨论庆祝方案，开展长大一岁的庆祝会。

（1）教师：我们长大了一岁，变得更能干了，你们高兴吗？我们可以用一个什么方式来庆祝呢？

（2）教师组织幼儿玩"击鼓传灯笼"的游戏，传到哪个幼儿手里，哪个幼儿就说说新年愿望或者表演歌曲、舞蹈等。

4. 活动延伸。

鼓励幼儿做好弟弟、妹妹的榜样，在新学期里努力学习更多的本领。

活动 4　红包的祝福

活动目标

1. 知道红包含有祝福的意义，学习制作红包。
2. 赠送红包，体验同伴之间互送祝福的快乐。

活动准备

收集各种红包、幼儿红包材料人手一份。

活动过程

1. 认识红包，了解红包含有祝福的意义。

（1）教师：你收到过红包吗？你会在什么时候收到红包？在什么时候送出红包？

（2）教师介绍红包含有祝福的意义，人们在结婚、过生日、过年时会送出红包，以示祝贺。

（3）教师：红包看上去都是什么颜色的？为什么都是红红的？

小结：送红包都是因为有喜庆的事情发生，值得祝贺。红色是一种很喜庆的颜色。

2. 制作、装饰红包。

（1）教师拆开红包，引导幼儿观察，发现制作红包的方法：两边有两扇门，上面"屋顶"，下面"地砖"，屋顶有梯形、圆形等。

（2）观察制作材料，并介绍制作红包的方法。

（3）幼儿讨论：怎样让大家一看红包，就知道你的祝福？

（4）教师引导幼儿，把祝福的事情画在制作好的红包上。

教师：可以在红包上画些什么呢？

3. 幼儿作画，互送祝福。

（1）幼儿制作红包，教师巡回指导。

（2）幼儿相互送祝福。

4. 活动延伸。

引导幼儿把自己制作好的红包送给家里人，并送上美好的祝福。

图 8-6

图 8-7

三、主题活动：我与水墨的故事

（一）主题活动由来

中班幼儿好奇心很强，经常问一些与新事物有关的问题，常常动手探索物体和材料，喜欢观察大自然中美好的事物。在教师的指导下，能够感知和体会有些事物可以用形状来描述。他们喜欢和同伴进行游戏，也越来越会交朋友了。

大部分幼儿都有了自己对美的理解，他们乐于感受美、表现美、创造美，表达自己对周围世界的认识及情绪、态度。他们可以画出许多基本形状，并用自己的方式把这些基本形状连接起来，组成自己喜爱的各种事物。他们对颜色的兴趣也大大提高，喜欢到美工区进行创作。因此，教师应充分为幼儿创造条件和机会，引导幼儿发现身边的美，在不断感知自然与社会的过程中萌发对美的感受和体验。

《指南》中指出，艺术教育对幼儿十分重要，引导幼儿用心灵感受美与发现美，能够刺激幼儿感受自然世界与人类社会中的独特艺术美，激发幼儿对美的感受能力，培养幼儿的审美能力，从而在艺术教育过程中形成良好的审美情趣。水墨画作为中华优秀传统文化的代表，在幼儿艺术教育中发挥着不可替代的重要作用。水墨画不仅展现了中国独特的审美标准，而且能够为幼儿提供良好的感受自然美的机会。水墨画较好地体现了中国传统艺术在促进幼儿生命活力发展过程中的重要作用。水墨画的艺术价值有利于奠定幼儿的民族文化基础，帮助幼儿接触不同的自然世界与人类社会中的各类现象与情感。将幼儿眼中抽象的事物转化为具体、生动的艺术表达活动，丰富了幼儿的语言表达能力，满足了幼儿精神成长需求，为幼儿向上、向善品质的形成奠定了基础。

（二）总　目　标

1. 手的动作灵活、协调，能使用简单的工具和材料。
2. 能够整理自己的物品，做到自己的事情自己做。
3. 体会水墨画中颜色的多变，感知中华传统文化下的艺术表现形式。
4. 了解水墨画的绘画方式，体验画水墨画的乐趣。

（三）主题活动网络图

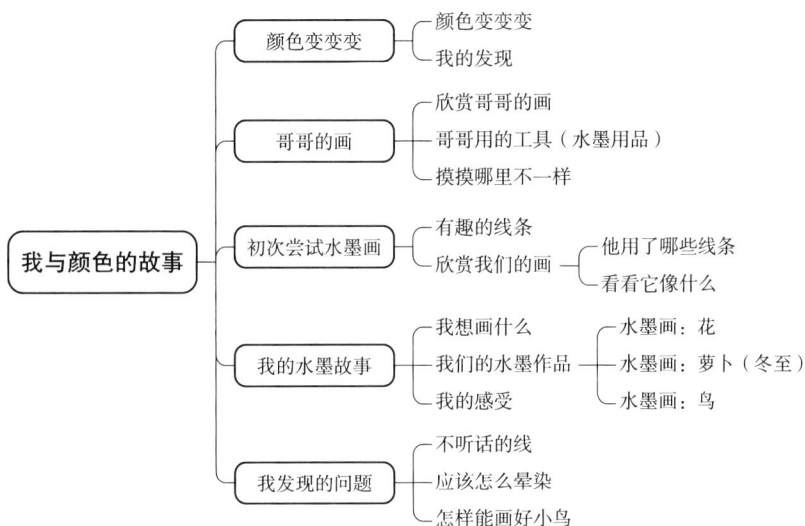

我与颜色的故事
- 颜色变变变
  - 颜色变变变
  - 我的发现
- 哥哥的画
  - 欣赏哥哥的画
  - 哥哥用的工具（水墨用品）
  - 摸摸哪里不一样
- 初次尝试水墨画
  - 有趣的线条
  - 欣赏我们的画
    - 他用了哪些线条
    - 看看它像什么
- 我的水墨故事
  - 我想画什么
  - 我们的水墨作品
    - 水墨画：花
    - 水墨画：萝卜（冬至）
    - 水墨画：鸟
  - 我的感受
- 我发现的问题
  - 不听话的线
  - 应该怎么晕染
  - 怎样能画好小鸟

（四）活　动　案　例

活动 1　颜色变变变

活动目标

1. 能够感知颜色的变化，并说出×色加上×色能变成×色。
2. 通过游戏感知不同颜色混合后会变出新的颜色，体验发现的乐趣。
3. 喜欢探究颜色的变化，在操作中能够仔细观察、乐于探索。

活动准备

1. 经验准备：认识三原色。
2. 物质准备：装有小半瓶水的透明瓶子人手一个，瓶盖若干个，红、黄、蓝三色颜料，记录表。

活动过程

1. 导入环节。

以"变魔术"的形式引入活动，激发幼儿学习兴趣。

教师拿出装有清水的瓶子，请幼儿观察。摇晃瓶身，将藏在瓶盖里的颜料和水充分溶解，导致瓶子里的水变色了。请幼儿猜一猜，这是怎么一回事。

2. 基本环节。

引导幼儿尝试、探索，找到魔术的秘密。

（1）第一次探索，初步感知水宝宝变色的秘密。

（2）揭晓答案：因为瓶盖里放了颜料。盖子里的颜料进到水里，透明、无色的水就变成了有颜色的水。而瓶盖里没有颜料，就变不出来了。

（3）第二次探索，更换其他颜色的瓶盖，观察、感知两种颜色混在一起发生的变化，并将结果用水彩笔记录在记录纸上。

小结：原来不同的颜色混在一起，会变出新的颜色，这就是"颜色变变变"的秘密！

3. 结束环节。

请幼儿分享自己变出来的颜色，并说出这个颜色是用哪些颜色混合出来的。

4. 延伸环节：找颜色。

教师：除了红、黄、蓝三原色混合在一起，可能会发生变化。其他颜色混在一起，会有什么变化呢？请小朋友们在区域活动时或回家和爸爸、妈妈一起试一试吧！

活动 2　神奇的毛笔

活动目标

1. 认识毛笔，学习正确持握毛笔的方法。

2. 尝试用毛笔在宣纸上画出不同的线条和图形，并对其进行联想。

3. 感知水墨画的意境美，勇于尝试新的绘画方法。

活动准备

1. 经验准备：欣赏过哥哥的画。

2. 物质准备：人手一支毛笔、宣纸若干、墨、调色盘、涮笔筒、哥哥的画等。

活动过程

1. 导入环节。

谈话导入，说一说毛笔的用途。

2. 基本环节。

欣赏哥哥的画，学习使用毛笔作画。

（1）请你欣赏哥哥的画，说说他画的是什么。

（2）你在画里发现了哪些线条或图形？

（3）讨论：毛笔应该怎么拿？

（4）学习拿毛笔的正确方法。

（5）尝试用毛笔蘸墨水，在宣纸上画线条或图形。

（6）展示幼儿的作品，引导幼儿互相交流、讨论：说一说，你觉得画得像什么？

小结：水墨画是我国特有的一种绘画方式，毛笔是我国特有的一种笔。它们都蕴含并传承着我国优秀的民族文化。虽然你们现在可能不习惯使用毛笔，但是相信只要多加练习，你们一定可以用毛笔画出漂亮的事物。看看我们第一次使用毛笔，只用简单的线条就画出了高山和大海，我们要相信自己。

3. 结束环节。

教师：你们喜欢毛笔吗？我们随着音乐来练习使用毛笔吧！用我们的身体动作模仿毛笔写写画画，音乐每句停顿处，摆好使用毛笔作画时的一种造型。

4. 延伸环节。

教师利用区域活动、过渡环节带领幼儿在宣纸上学一学怎样用毛笔画画，体验毛笔在纸上写写画画的感觉。

活动 3 《漂亮的花》

活动目标

1. 通过欣赏各种各样的花，了解花的外形特征，感受花的美。

2. 能用水墨画的方法表现花的多姿多彩与美丽。

3. 尝试用毛笔在宣纸上画花，体验水墨作画的乐趣。

活动准备

1. 经验准备：

（1）幼儿欣赏过花；

（2）幼儿接触过水墨画，知道拿毛笔的正确姿势，认识各种绘画工具和材料。

2. 物质准备：

宣纸若干、毛笔若干、墨、颜料若干、调色盘、涮笔筒，花的图片，有关花的名画，哥哥画花的讲解视频。

活动过程

1. 导入环节。

谈话活动，出示花的图片，引导幼儿观察。

（1）你在公园里看到过哪些花？

（2）出示图片，引导幼儿观察花的特征（外形、颜色等）。

（3）小结：有的像花瓣一层一层的，有的是平面的，有的花瓣像弯弯的线、有的像铃铛，有的花朵大、有的小，什么颜色的都有……

2. 基本环节。

尝试画出画作《漂亮的花》。

（1）教师：今天，我们要用毛笔画出漂亮的花朵。请看哥哥给大家讲解毛笔画花的技法。

教师带领幼儿简单回顾毛笔的基本用法，播放哥哥画花的讲解视频，引导幼儿观看、学习。

（2）教师：小朋友们都记住了怎样使用毛笔。现在，请你们想一想，哥哥是怎样用毛笔表现花的？试着画一画。

（3）教师：小朋友们这些花都很漂亮，现在，我们看看画家们是怎么表现花的吧！

（4）出示有关花的名画，师幼共同欣赏，分析画法。

教师引导幼儿有意识地观察画作中花的形态（完全开放/半花苞）、大小和数量。

（5）幼儿再次操作，教师巡回指导。

提示幼儿想一想自己要画的花的样子，是长长的，还是卷卷的，可以是开放的花朵，也可以是花苞。

提醒幼儿作画时用墨要适量，指导并帮助幼儿用毛笔进行绘画。

3. 结束环节。

幼儿的作品各不相同，但是都展现了花的魅力。请幼儿分享自己的作品，并将作品展示到展板和墙面上。

4. 延伸环节。

鼓励幼儿在美工区进行水墨画的创作。

图 8-8

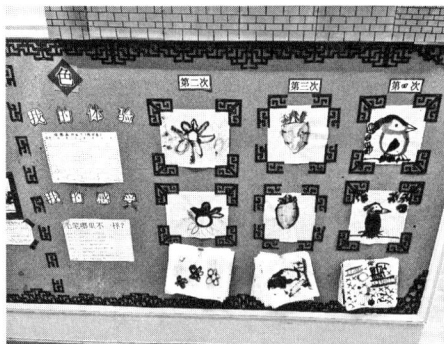
图 8-9

四、主题活动：清明我知道

（一）主题活动由来

清明节是我国的传统节日之一。清明到了，万物凋零的寒冬就过去了，风和日丽的春天也真正地开始了。但大多数幼儿对清明节的认识较为浅薄，同时也还不能很好地理解怀念去世的亲人和缅怀先辈的意义。因此，在清明前后，教师组织幼儿开展了"清明我知道"系列主题活动，目的是让幼儿在交流生活经验、阅读相关绘本等活动中接受生命教育，感受清明节追忆亲人和缅怀英雄的情感，初步理解死亡与铭记的含义，从而懂得珍惜现在的美好生活，树立继承先烈遗志、长大建设祖国的理想。

（二）总　目　标

1. 初步了解清明节，通过交流与分享清明节踏青的经历，感受并懂得珍惜当下和平生活的美好与幸福。

2. 乐于参与清明节的活动，感受清明节追忆亲人和缅怀英雄的情感。

3. 通过活动初步理解死亡的意义，从而学会尊重生命、珍惜生命。

（三）主题活动网络图

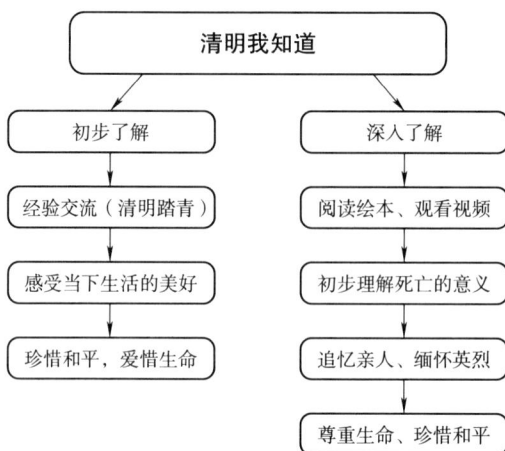

```
                    ┌─────────────────┐
                    │   清明我知道      │
                    └─────────────────┘
             ┌───────────┴───────────┐
      ┌──────────┐              ┌──────────┐
      │  初步了解  │              │  深入了解  │
      └──────────┘              └──────────┘
           │                         │
   ┌────────────────┐        ┌────────────────┐
   │ 经验交流（清明踏青）│        │ 阅读绘本、观看视频 │
   └────────────────┘        └────────────────┘
           │                         │
   ┌────────────────┐        ┌────────────────┐
   │ 感受当下生活的美好 │        │ 初步理解死亡的意义 │
   └────────────────┘        └────────────────┘
           │                         │
   ┌────────────────┐        ┌────────────────┐
   │ 珍惜和平，爱惜生命 │        │ 追忆亲人、缅怀英烈 │
   └────────────────┘        └────────────────┘
                                     │
                            ┌────────────────┐
                            │ 尊重生命、珍惜和平 │
                            └────────────────┘
```

（四）活 动 案 例

活动 1　清明好风光

活动目标

1. 知道清明节的来历，乐于参与清明节的踏青出游活动。

2. 能和同伴、教师交流、分享踏青时有趣的事儿与见闻。

3. 感受大自然的美，体会当下生活的美好与幸福，从而珍惜现在的和平生活。

活动准备

请幼儿在清明节前后和爸爸、妈妈一起踏青出游，鼓励幼儿对美丽的风景或有趣的事物拍摄记录，交由教师整理成 PPT 课件。

活动过程

1. 简要介绍清明节的来历与习俗。

2. 分享见闻。

根据幼儿提供的清明踏青出游照片、视频，组织分享、交流活动，请幼儿用普通话完整、流利地说一说出游时的见闻。

3. 对比照片，感受战争与和平年代生活的不同。

交流结束后，教师出示战争时期的图片，和幼儿拍摄的图片进行对比观察。

4.引导幼儿思考。

（1）听了大家的分享，你有什么感受？

（2）观看了两组图片，小朋友们觉得自己现在的生活幸福吗？

（3）如果有一天发生战争，我们的生活会发生哪些变化？

（4）你觉得为什么我们的身边没有战争？

（5）小朋友们身处和平年代，我们现在能做的事情有哪些？

5.教师总结。

教师：清明节后，万物复苏，大自然一派生机盎然，十分美丽。每年这个时节，小朋友们都可以和爸爸、妈妈一起踏青出游，享受春天的美景。战争时期，许多爷爷、奶奶、叔叔、阿姨们经过不懈的努力，甚至英勇的牺牲，才为我们创造了今天的美好生活。我们要珍惜现在的生活，珍惜和平，努力学习，健康成长。

6.幼儿反馈。

幼儿：老师，我觉得清明节真是一个既幸福又悲伤的节日。

教师：为什么既幸福又悲伤呢？

幼儿：因为能出去春游很开心，但是想起战争时艰苦的生活和为了现在幸福生活而牺牲的人，又会很难过。

教师：正是因为如此，我们才要珍惜现在的幸福生活，好好地度过每一天，好好吃饭，好好学习，健康长大！

活动2 《红色油纸伞》绘本阅读

【活动目标】

1.初步理解死亡的意义，正确看待死亡与分离，能坚强、勇敢地面对未来。

2.理解绘本内容，从中体会亲情与牺牲，感受清明节追忆亲人和缅怀英烈的情感。

3.知道现在的美好生活离不开伟人、英雄的牺牲与付出，学会尊重生命、珍惜和平。

【活动准备】

1.清明节默哀环节，教师向幼儿提问：我们在想谁？为什么想他们？

2.油纸伞（实物）、《红色油纸伞》绘本及PPT课件。

【活动过程】

1.介绍油纸伞。

教师出示传统工艺的油纸伞，通过简单介绍引发幼儿兴趣。

2. 阅读绘本。

（1）通过油纸伞引出绘本——《红色油纸伞》。

（2）阅读绘本前进行提问，让幼儿带着问题阅读。

提问：

①为什么绘本的名字叫作"红色油纸伞"？

②妈妈为什么离开"我"？

③妈妈离开"我"之后，"我"是如何做的？

④战争开始前的生活是什么样子的？战争开始后呢？

（3）教师声情并茂地逐页讲解绘本《红色油纸伞》。

（4）组织幼儿针对问题展开交流与讨论。

（5）引导幼儿思考：

①你认为什么是死亡？

②亲人离世时，我们应该怎么做？

③如何想念他们？

④现在的生活幸不幸福？

3. 教师总结。

教师：生老病死是自然规律，就像树上的绿叶，每到秋天都会慢慢变黄，最终落在地上，但是来年春天，大树依然会长出新芽。正是因为如此，我们才要勇敢地面对死亡与分离，珍惜当下的美好生活。对于逝去的亲人及英烈，我们不仅要在清明节这一天追忆、缅怀他们，而且要在心中永远记得他们、爱着他们。

图 8-10

图 8-11

五、主题活动：农耕的秘密

（一）主题活动由来

在倡导"光盘行动"的活动中，幼儿对"光盘行动，节约粮食"中的粮食产生了疑问，不知道粮食怎么来的，更不知道农民伯伯的辛苦，通过教师的解答，孩子们对农耕文化产生了非常浓厚的兴趣。

我们通过与幼儿交谈发现：孩子们不仅弄不清楚粮食的由来，对"春种、夏忙、秋收、冬储"的农耕文化也是知之甚少。恰逢春季到来，我们结合季节特点和节气活动，开展了"农耕的秘密"主题活动。

(二) 总　目　标

（二）总　目　标

1. 了解农耕文化知识，传承农耕文化。
2. 了解小麦、水稻等农作物的生长过程，感受农民伯伯劳作的辛苦。
3. 懂得粮食来之不易，知道爱惜粮食、珍惜粮食。
4. 体会收获的喜悦，萌发对农民伯伯的尊敬之情。

（三）主题活动网络图

（四）活 动 案 例

活动1　欣赏古诗 《悯农》

活动目标

1. 通过欣赏古诗，感受古诗的韵律美。
2. 通过诵读古诗，能大胆表达对古诗内容的理解和感受。
3. 通过对古诗内容的理解，懂得粮食来之不易。

产生了疑问，不知道粮食怎么来的，更不知道农民伯伯的辛苦，通过教师的解答，孩子们对农耕文化产生了非常浓厚的兴趣。

我们通过与幼儿交谈发现：孩子们不仅弄不清楚粮食的由来，对"春种、夏忙、秋收、冬储"的农耕文化也是知之甚少。恰逢春季到来，我们结合季节特点和节气活动，开展了"农耕的秘密"主题活动。

（二）总　目　标

1. 了解农耕文化知识，传承农耕文化。
2. 了解小麦、水稻等农作物的生长过程，感受农民伯伯劳作的辛苦。
3. 懂得粮食来之不易，知道爱惜粮食、珍惜粮食。
4. 体会收获的喜悦，萌发对农民伯伯的尊敬之情。

（三）主题活动网络图

（四）活 动 案 例

活动1　欣赏古诗 《悯农》

活动目标

1. 通过欣赏古诗，感受古诗的韵律美。
2. 通过诵读古诗，能大胆表达对古诗内容的理解和感受。
3. 通过对古诗内容的理解，懂得粮食来之不易。

活动准备

1. 经验准备：幼儿已有"光盘行动，节约粮食"的经验。

2. 物质准备：幼儿午餐照片，《悯农》PPT 课件。

活动过程

1. 兴趣激发。

（1）出示幼儿午餐照片，激发幼儿兴趣。

（2）提问：你们知道大米饭是从哪儿来的吗？我们为什么要提倡"光盘行动，节约粮食"呢？

2. 欣赏古诗《悯农》。

（1）教师有感情地朗诵古诗《悯农》。

（2）提问：你们从刚才的古诗中，听到了什么？

（3）教师边播放《悯农》PPT 课件边朗诵相应的诗句。

（4）提问：请你结合 PPT 课件中的图片内容，说一说你的感受。

3. 理解古诗《悯农》。

（1）教师结合 PPT 课件内容，介绍古诗的内容及含义。

（2）请幼儿与教师共同尝试朗诵古诗。

（3）同伴间相互朗诵古诗。

（4）结合古诗朗诵，引导幼儿说一说对这首诗的感受。

4. 结束部分。

小结：农民伯伯种植粮食是非常辛苦的，每一颗粮食都是用辛勤的汗水换来的。因此，我们要提倡"光盘行动，节约粮食"。

5. 活动延伸。

教师：请你将这首古诗和古诗的含义讲给弟弟、妹妹、爸爸、妈妈听，希望每个人都能爱惜粮食，珍惜农民伯伯的劳动成果。

活动 2   小麦的耕种

活动目标

1. 知道小麦的外形特征及用途，了解面粉是怎么来的及用面粉制作的各种面食。

2. 了解小麦的生长及耕种过程。

3. 通过活动，能够体会农民伯伯种粮食的辛苦，增强节约粮食的意识。

4. 知道粮食可以延续生命，没有粮食，我们就不能获得健康的身体，树立珍惜粮食的意识。

活动准备

1. 经验准备：幼儿已有"光盘行动，节约粮食"的经验。

2. 物质准备：馒头、油条、包子等主食图片，小麦生长过程图片、草帽图片、一捆麦穗、一盘麦粒、一袋面粉，农民伯伯收割麦子的视频，白纸、水彩笔（每组一份）。

活动过程

1. 兴趣激发。

（1）出示各类主食的图片，请幼儿说一说它们有什么共同之处。

（2）提问：面粉是从哪里来的？

（3）出示盛有麦粒的盘子，请幼儿观察麦粒的外形，鼓励幼儿大胆猜测：小麦是怎么变成面粉的？

2. 我眼中的小麦。

（1）出示一捆麦穗，请幼儿说一说这是什么。

（2）猜一猜：麦穗怎么变成麦粒的？

（3）请幼儿以小组的形式进行讨论，猜测小麦耕种、收获的过程，鼓励幼儿大胆表达自己的猜想，并记录在白纸上，分组进行展示。

3. 小麦的生长过程。

（1）出示小麦生长的过程图，请幼儿验证自己的猜想。

（2）教师：小麦是怎么从地里的麦穗变成麦粒的呢？

播放农民伯伯收割麦子的视频，引导幼儿观看并说一说自己的感受。

（3）出示草帽图片，引导幼儿了解小麦不仅能磨成面粉、做成主食，麦秆还能进行编织，做成帽子、扇子等工艺品。

4. 结束部分。

小结：小朋友们通过这次活动了解到了一粒麦子从种子变成麦穗、麦粒，最后变成面粉、馒头、包子、饺子等主食的过程。看到农民伯伯在那么热的天气里，流淌着汗水，辛勤地劳动，我们更要珍惜每一粒粮食！

5. 活动延伸。

将小麦生长过程的图片创设在班级主题墙饰中，进一步巩固幼儿对小麦生长过程的认识。

活动3 弟弟、妹妹，让我告诉你……

活动目标

1. 知道粮食来之不易，愿意帮助弟弟、妹妹萌发珍惜粮食的意识。

2. 能够积极地参与小组的计划讨论，大胆地表达自己的想法，并形成切实可行的方案。

3. 通过讨论、分享活动，激发幼儿爱惜粮食、参与"光盘行动"的决心。

活动准备

1. 经验准备：幼儿通过主题活动已经体会到粮食来之不易。

2. 物质准备：白纸、水彩笔、记录表、投票箱等。

活动过程

1. 谈话活动导入。

教师：老师发现，最近咱们班的小朋友"光盘行动"做得特别好！今天，还听到××小朋友的奶奶说，他在家里也坚持"光盘行动"，从不剩饭菜，真是太棒了！通过我们的主题活动，你们不仅在幼儿园里做到"光盘行动"，在家里也能做到"光盘行动"，为这个小朋友和大家鼓鼓掌吧！希望我们每个人都能将"光盘行动"坚持到底！但是，今天，老师也发现了一个问题，就是我们知道农民伯伯辛辛苦苦地种植粮食，知道粮食来之不易，可是小班和中班的弟弟、妹妹们年龄小，他们不知道节约粮食，做不到"光盘行动"，该怎么办呀？

2. 讨论：如何让弟弟、妹妹们知道要节约粮食？

（1）提问：我们怎样让小班和中班的弟弟、妹妹们知道粮食来之不易，要节约粮食呢？

（2）幼儿分组进行讨论，并将讨论结果、方法记录在白纸上。

（3）教师巡回听取幼儿意见，适时地给予指导，帮助幼儿提升经验。

（4）请各组幼儿分别展示和介绍讨论的结果，出示记录表，请全班幼儿进行投票，选出你认为最好的两个办法。

3. 实践活动：弟弟、妹妹，让我告诉你……

（1）请票数最高的两组幼儿先到小班和中班进行讲述。

（2）请完成讲述任务的两个小组回来后进行经验分享和总结。

4. 延伸活动。

（1）利用其他时间，将其他小组的方案共同修改后，再到小、中班进行实践分享。

（2）总结经验，鼓励幼儿将节约粮食的实践活动分享给自己的家人、朋友，让越来越多的人参与到"光盘行动、节约粮食"的行动中。

活动 4 《我发明的农具》

活动目标

1. 能够大胆地设计外形、功能奇特的农具。
2. 能够发挥想象，合理布局画面内容。
3. 在感受自主创作的乐趣中，萌发对农民伯伯的尊敬。

活动准备

1. 经验准备：幼儿对农具有一定的了解和认识。
2. 物质准备：水彩笔、油画棒、画纸；农具图片、农民劳动图片若干。

活动过程

1. 兴趣激发。
（1）出示各种农具图片，请幼儿分别说一说：这是什么？它是做什么用的？
（2）出示农民伯伯辛苦劳动的图片并提问。

教师：农民伯伯用这些农具的时候，脸上是什么表情？他们为什么流了那么多汗？你能帮助他们发明一些新的农具，让农民伯伯不那么辛苦吗？

2. 创作《我发明的农具》。
（1）引导幼儿可以从农具的功能或者农民伯伯的需要发明、设计农具。
（2）鼓励幼儿大胆地进行创作，引导幼儿注意农具的比例大小，合理布局画面。
（3）教师巡回指导。

3. 作品展览：《我发明的农具》。
（1）请完成作品的幼儿将作品放到展示台上进行展示。
（2）鼓励幼儿之间相互介绍自己设计的农具特别之处。
（3）请幼儿相互点评。

4. 结束部分。

小结：看到农民伯伯那么辛苦，每个小朋友都开动脑筋发明了功能强大的新农具来帮助农民伯伯，相信农民伯伯们知道了，一定非常高兴！现在，我们还不能将我们发明的农具做出来。等小朋友们长大了，一定要记得把你发明的农具做出来，帮助农民伯伯呀！

5. 延伸活动。

教师：想一想，除了发明新的农具，我们还能帮助农民伯伯做些什么？

图 8-12

图 8-13

六、主题活动：《春夜喜雨》

（一）主题活动由来

雨水是二十四节气中的第二个节气。在每年到了雨水节气前后，气温开始上升，冰雪开始消融，降雨量逐渐增多，这也是节气"雨水"名称的由来。在春雨的滋润下，天地万物开始萌发，柳树、桃树等树木开始抽出新芽，体现了生命的开始。一些地区的人们在雨水节气会举办一些仪式，来祈求平安、顺遂。借此，我们班在雨水节气开展了"《春夜喜雨》"的一系列主题活动，紧紧围绕杜甫《春夜喜雨》这首诗的前四句进行了科学、社会、艺术领域的相关教学活动，让孩子们感受到二十四节气中雨水这一传统节气文化的魅力，体会到春雨带来的生命力量。

（二）总　目　标

1. 掌握二十四节气中雨水这一节气的相关知识。
2. 体验播种的快乐，见证生命的生长与伟大。
3. 激发幼儿探索大自然的愿望，增强幼儿传承与弘扬优秀传统文化的意识。

（三）主题活动网络图

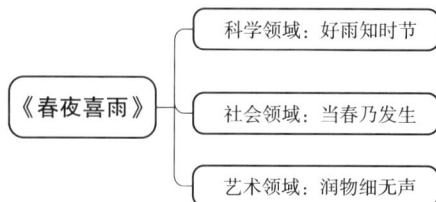

（四）活动案例

活动 1　好雨知时节

活动目标

1. 了解雨水这一节气所带来的天气变化与万物变化。
2. 探究与发现雨水能让草木发芽。
3. 感受古代劳动人民的智慧，激发传承优秀传统文化的感情。

活动准备

1. 经验准备：知道春天会下雨，万物会发芽。
2. 物质准备：《二十四节气之雨水节气》视频故事、雨水节气相关图片。

活动过程

1. 开始部分。

利用多媒体让幼儿观看雨水节气图片，了解大自然的变化，感受雨水为万物带来的生机。

教师：孩子们，春天到了，图片中是什么天气呢？

幼儿：下雨天。

教师：草木正在变成什么颜色？（绿色）春天到了，随着春雨的降临，给大自然带来了绿色，让万物获得了生机，可见绿色是生命的颜色。随着春雨的到来，古代的人们开始播种，并将春天开始下雨的这段时间定为"雨水"这一节气，让我们赶快来了解一下吧！

2. 基本部分。

（1）观看视频故事《二十四节气之雨水节气》第一部分。

教师播放视频故事的第一部分，引导幼儿仔细观察雨水这一节气给大自然带来的变化。

（2）观看视频故事第二部分。

教师：雨水这一节气包括哪三候？（出示雨水节气相关图片）请小朋友们找一找，哪几幅图片代表"三候"？

（3）观看视频故事的第三部分。

幼儿分组，教师引导幼儿合作探讨并发现春雨产生的原因。

（4）幼儿进行游戏"解救植物大作战"。

教师准备多张卡片，卡片上写有适合不同季节生长的植物，让幼儿选取雨水后生长出来的植物有哪些，每位幼儿只能选择一张卡片，选择正确则为植物解救成功。

3. 结束部分。

教师带领幼儿进行回顾，进一步加深幼儿对雨水这一节气的了解，感受雨水给万物带来的生机。

4. 延伸部分。

引导幼儿回家后，向家长询问雨水时农民耕种的经验，下次活动时进行分享。

活动 2 当春乃发生

活动目标

1. 了解到春雨过后，万物很容易发芽与生长。
2. 学会播种的方法，在种植过程中感受生命的奇迹。
3. 喜爱大自然，激发对生命的敬畏之情。

活动准备

1. 经验准备：幼儿能够认识不同的种子，并知道雨水节气过后适合播种，观看过有关种子播种的视频。

2. 物质准备：幼儿自带的花盆与种子、水、PPT 课件。

活动过程

1. 开始部分。

幼儿在教师的带领下，来到幼儿园的小菜园，亲自实践与体验种植的过程。

教师：通过在班里观看有关种子播种的视频，我们认识了不同的种子，了解到哪些植物适合春天种植，还学习了播种的方法。今天，我们就来亲自体验如何播种种子，学习播种的方法，真实地体验播种的快乐。

2. 基本部分。

在幼儿播种前，教师告诉幼儿注意事项。如，幼儿在使用铲子铲土时，注意不要伤到自己和同伴，拿小铲子时要慢一些；铲土时，注意不要将泥土弄到眼睛里，也不要弄到别人身上。

幼儿开始分组种植并互相交流种植方法。小组中一名成员负责记录种植过程中遇到的困难及解决方法。教师进行随机指导并负责拍照，记录幼儿播种的过程。

3. 成果展示。

孩子们在播种后的一周内，负责浇水、铲草等工作，在幼儿的悉心照料下，许多种子发出了新芽，孩子们真实地体验到了播种的快乐，感受到了生命的奇迹。

活动 3 润物细无声

活动目标

1. 能大胆地运用水粉画的形式描绘出心中春雨的样子。

2. 在创作时，体验色彩和图案对称带来平衡、匀称的美。

3. 活动结束后，能把自己用过的绘画材料分类摆放，养成良好的绘画习惯。

活动准备

1. 经验准备：幼儿已经观察到春天的样子与春雨的特点。

2. 物质准备：颜料、毛笔、涮笔筒、调色盘、水粉作画工具等。

活动过程

1. 开始部分。

教师：小朋友们，你们在真实地体验了播种之后，想必也感受到了雨水的神奇，体会到了水是生命之源。今天，我们就用水粉画的方式画出你们心中春雨的样子，请将"润物细无声"的画面描绘出来。

2. 基本部分。

（1）引导幼儿认识水粉作画的基本工具，并学会用不同的颜色平铺。

（2）让幼儿分享自己心中春雨的模样，以及为万物带来的变化。

（3）幼儿进行绘画，运用水粉颜料画出春雨的主要特征，并将自己心中的颜色表达出来。教师进行巡回指导，帮助幼儿分析水粉色彩，让幼儿更好地绘画出心中"春雨滋润、万物生长"的景象。

3. 结束部分。

幼儿展示与分享作品，互相交流、表达自己绘画的内容与想要表达的情感。活动结束后，幼儿将作品粘贴在主题墙上。

图 8-14

图 8-15

七、主题活动：在经典中成长

（一）主题活动由来

《指南》明确指出："幼儿的语言能力是在交流和运用的过程中发展起来的。"因此，结合《指南》及我园园本课程内容，本学期大班将开展经典作品欣赏活动的研究。经典文化意境优美、文字精巧、韵味独特，蕴涵了丰富的知识。幼儿具有好奇、好学的特点，欣赏是他们的强项，只要引导得当，是非常轻松、愉快的。

儿童欣赏经典作品是激发潜能、学习语言、增强人文底蕴、开启智慧的重要途径，能培养幼儿高尚的情操和人文关怀，可以使幼儿变得胸怀博大、知书达理、善良聪慧、乐观坚定。

（二）总 目 标

1. 通过经典作品欣赏活动促进幼儿全面发展。

2. 通过研究促进幼儿倾听能力、阅读兴趣及注意力、记忆力、想象力等认知能力的发展。

3. 通过研究培养幼儿活泼、开朗的性格，促进幼儿自信心、良好意志品质等心理健康发展。

4. 通过研究培养幼儿良好的行为习惯，促进幼儿交往能力、集体意识等社会性发展。

5. 通过研究让幼儿走近经典、了解经典，潜移默化地接受经典的熏陶，开拓幼儿的心胸志趣、敦厚好学的精神，在幼儿纯净的心灵中奠定灿烂的中华文明，促进其素质的全面发展。

（三）主题活动网络图

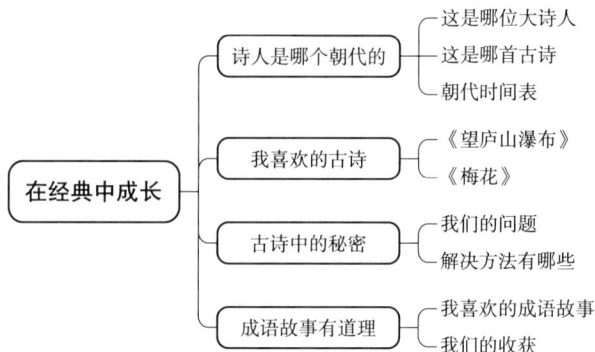

在经典中成长
- 诗人是哪个朝代的
  - 这是哪位大诗人
  - 这是哪首古诗
  - 朝代时间表
- 我喜欢的古诗
  - 《望庐山瀑布》
  - 《梅花》
- 古诗中的秘密
  - 我们的问题
  - 解决方法有哪些
- 成语故事有道理
  - 我喜欢的成语故事
  - 我们的收获

（四）活 动 案 例

活动1 《望庐山瀑布》

活动目标

1. 结合画面理解古诗的内容，感受古诗的意境美、语言美，能有感情地朗诵古诗。

2. 能用语言表达自己对庐山瀑布景色的感受和对古诗内容的理解。

3. 激发幼儿对美好大自然的热爱之情。

活动准备

1. 经验准备：有诵读古诗的兴趣。

2. 物质准备：《望庐山瀑布》PPT课件，画纸、笔，有关古诗的图片。

活动过程

1. 观看有关古诗的图片，自由表达欣赏古诗的感受。

教师：小朋友们，你们观看的图片是什么风景？你们喜欢这些吗？看到这些图片，你们有什么感觉？你觉得可以用什么词来描述一下这个风景？

2. 欣赏、理解古诗。

播放《望庐山瀑布》的PPT课件，引导幼儿感受古诗的意境美和语言美，并且知道大自然的魅力。

（1）引导幼儿边欣赏图片边倾听教师有感情地朗诵古诗并介绍作者。

（2）讨论：听了这首古诗，你有什么感觉？这首古诗说了什么？

（3）再次欣赏古诗，提问：大诗人是怎么描述瀑布的？

3. 理解古诗所表达的含义。

（1）采用图文结合的方式帮助幼儿理解古诗字、词及含义。

①集体讨论、交流。

②小组讨论、表达。

（2）感受古诗的意境美并表达自己的感受。

4. 诵读古诗。

尝试随着音乐欣赏图片，诵读古诗。通过音乐和图片相结合的方式，使幼儿更好地感受古诗中的美景。

5. 绘画《望庐山瀑布》。

幼儿自由发挥，根据自己对古诗的理解描绘出庐山瀑布的美景。

活动 2 《梅花》

活动目标

1. 结合画面理解古诗的内容，感受古诗的意境美、语言美。

2. 在自主探究中能用语言表达自己对梅花的感受和对古诗的理解。

3. 激发幼儿对美好大自然的热爱之情。

活动准备

1. 经验准备：有诵读古诗的兴趣。

2. 物质准备：《梅花》PPT 课件，画纸、笔，古诗《梅花》图文结合的图片及视频，有关梅花风景的视频、《梅花》古诗音乐。

活动过程

1. 观看古诗《梅花》的相关图片、视频，自由表达欣赏的感受。

（1）教师：图片上有什么？看到这些图片，你有什么感觉？你觉得可以用什么词来描述一下梅花？

（2）观看有关梅花风景的视频，再次欣赏，加深对梅花的理解，了解梅花的生长环境，感受梅花的美。

2. 欣赏、理解古诗。

感受古诗《梅花》的意境美和语言美，知道梅花具有坚韧、不惧严寒的品质。

（1）边欣赏《梅花》视频边倾听教师有感情地朗诵古诗并介绍作者。

（2）讨论：听了这首古诗，你有什么感觉？这首古诗说了什么？

（3）再次欣赏古诗，尝试朗诵古诗并提问。

教师：大诗人是怎么描述梅花的？你喜欢梅花吗？喜欢梅花什么呢？

3. 自主探究并讨论。

（1）幼儿分组讨论。

教师：你最喜欢古诗中的哪一句话或者哪个词？为什么？

教师：听了大诗人王安石描绘梅花的古诗，你有什么不懂的，可以提出来，在小组中讨论一下。得不到答案的，可以等讨论结束后，到前边说一说，咱们一起来想一想。

（2）进行分享。

4. 尝试随着《梅花》古诗音乐做动作，欣赏古诗。

通过感受古诗音乐，做出相应动作，加深幼儿对古诗的理解与感受。

活动 3 《游子吟》

活动目标

1. 初步理解古诗《游子吟》的内容。
2. 感受古诗中所表达的母子情意。
3. 能大胆地表达自己对妈妈的爱。

活动准备

1. 经验准备：幼儿欣赏过经典的古诗词，对古诗词有兴趣。
2. 物质准备：《游子吟》诗词诵读音频；古诗图片。

活动过程

1. 提出问题，引入主题。

教师：你们爱自己的妈妈吗？你们的妈妈也爱你们吗？妈妈是怎样爱我们的呀？

2. 引入故事，欣赏古诗《游子吟》。

幼儿分组，对古诗图片欣赏与讨论。

（1）教师：在很久很久以前，有一个人非常爱他的妈妈，他的妈妈也非常爱他。但是，突然有一天，这个人要到很远的地方去。在他出发前，他的妈妈为他做了一件什么事情呢？我们一起听听看。

（2）欣赏古诗《游子吟》。

（3）幼儿分组，欣赏古诗《游子吟》的图片。

（4）让幼儿用自己的语言初步表达对古诗意义的理解。

3. 通过欣赏古诗《游子吟》，引出对妈妈的爱。

（1）教师：这个诗人将自己对妈妈的爱用诗歌表达出来了，你们会用什么样的方式表达自己对妈妈的爱呢？

（2）教师：当妈妈知道你非常爱她的时候，她会怎样表现呢？你的心情是怎样的？

4. 活动延伸。

引导幼儿大胆地创作一幅表达自己对妈妈爱的画作，并送给妈妈。

图 8-16

图 8-17

八、主题活动：《赋得古原草送别》

（一）主题活动由来

所有的生命体中，小草的生命力最顽强，它在寒风冷雨中，依然昂首挺胸；在太阳的暴晒下，一动不动；在受到踩踏时，弯一下腰，但又很快地站了起来；在大火的灼烧下，虽然会化为一堆灰烬，但是过不了多久，又会在春风的帮助下重生。唐代诗人白居易的这首《赋得古原草送别》，完美地诠释了小草顽强的生命力。教师根据古诗内容从语言、社会和艺术领域设计了相关的教学活动，引导幼儿感知小草不畏风雨、不畏严寒，甚至不畏烈火的顽强生命力，懂得生命的轮回和延续。

（二）总 目 标

1. 了解并掌握《赋得古原草送别》这首古诗的内容，热爱大自然。

2. 体验诵读古诗带来的快乐，感知优秀传统文化古诗中的情感和韵律美，感受诵唱古诗词的乐趣和美好。

3. 喜欢探索大自然，感知生命力的顽强，了解生命的意义和价值，能乐观地看待生命的脆弱与遇到的挫折。

（三）主题活动网络图

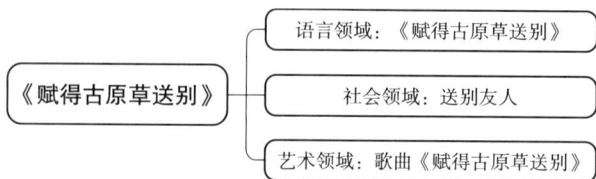

```
                          ┌─ 语言领域：《赋得古原草送别》
《赋得古原草送别》 ──────┼─ 社会领域：送别友人
                          └─ 艺术领域：歌曲《赋得古原草送别》
```

（四）活 动 案 例

活动 1 《赋得古原草送别》

[活动目标]

1. 初步理解古诗内容，想象古诗中描绘的景象，感知古诗的意境美，喜爱大自然。

2. 初步学习古诗节律吟诵，有感情地朗读古诗，激发幼儿学习古诗的兴趣。

3. 感受小草顽强的生命力，激发幼儿学习小草不怕挫折、顽强不屈的优秀品质。

[活动准备]

1. 经验准备：知道冬天小草会枯萎，春天小草会发芽、复苏。

2. 物质准备：古诗《赋得古原草送别》视频故事及相关图片。

[活动过程]

1. 根据多媒体展示的古诗图片，请幼儿说一说冬去春来大自然的变化。

2. 教师：春天万物复苏，小草也发芽了。请小朋友们说一说自己知道的、有关春天"花、树、草"的古诗。

教师简要介绍《赋得古原草送别》这首古诗的创作背景。

3. 教师有感情地朗诵《赋得古原草送别》，引导幼儿观看图片，并用自己的语言说一说图片表达的内容。

4. 幼儿跟教师诵读古诗2～3遍。

5. 引导幼儿思考。

（1）教师：请小朋友们说一说，小草是怎么长出来的？

（2）教师：你们看了图片，又听了古诗。你们认为小草是怎样度过冬天和春天的？

（3）教师：当我们面对困难的时候，应该学习小草的哪些品质？

6. 教师总结：寒冷的冬天，小草在恶劣的环境中会枯萎死去，小草的生命就会终结。但是，小草一点儿都不会屈服，春天来了，小草又会借着春风复苏，努力地向上生长，迎着太阳，萌发出新的嫩芽，慢慢地连成片，长得郁郁葱葱。小草顽强不屈、乐观面对苦难的精神，值得我们每个小朋友学习。

7. 结束部分。

教师带领幼儿再次回顾古诗，加深印象，感受小草顽强不屈的精神。

8. 延伸部分。

幼儿回到家里，跟家长分享今天学到的古诗，并简单分享古诗中蕴含的道理。

活动 2　送 别 友 人

活动目标

1. 理解古诗中送别的含义，感受诗人对友人的惜别、不舍之情。

2. 能用自己的话说出诗中所表达的意思以及自己经历的送别情景。

3. 体会诗人送别朋友的真挚情感，懂得珍惜与好朋友之间的友谊。

活动准备

1. 经验准备：回忆曾经发生在自己身上的、关于友谊的小故事。

2. 物质准备：古诗《赋得古原草送别》故事视频及相关图片。

活动过程

1. 教师出示小草的图片，请幼儿说一说最近学过的、有"小草"的古诗是什么。

2. 请幼儿诵读古诗《赋得古原草送别》，说一说这首古诗所表达的意思。

3. 教师播放古诗《赋得古原草送别》故事视频，简要介绍这首古诗的由来，引导幼儿重点感受并理解诗中送别的情感。

4. 请幼儿想一想，诗人送别自己的朋友会是一种什么样儿的心情、为什么，大胆地说出自己的想法。

（1）教师：请小朋友们说一说诗人在送别朋友时是什么心情？

（2）教师：你有过送别朋友、亲人的时候吗？你当时是什么心情呢？

（3）教师：当你送别友人或亲人时，你想对他说些什么呢？

（4）小结：送别友人、亲人时可以说的祝福语，如，祝你一路顺风、平安健康……

（5）教师：当你想念你的朋友和亲人时，可以怎么做呢？（打电话、发微信、视频聊天……）

5. 教师总结：面对离别，人们总是会感到难过、不舍。当我们和朋友、亲人分别的时候，我们也可以学习诗人，为他们送上一些祝福的话。我们比诗人更加幸福的是，我们可以通过打电话、视频聊天的方式与朋友、亲人联系。

6. 结束部分。

教师带领幼儿回顾古诗，进一步加深幼儿对送别友人时不舍之情的了解，感受诗人与友人的深厚友情。

7. 延伸部分。

引导幼儿回到家里，跟家长分享今天学到的古诗，并简单分享古诗中蕴含的惜别、不舍之情。

教师：小朋友们回家后，可以给爸爸、妈妈读一读这首诗，再分享一下关于送别朋友的过程中让你特别感动的、有意思的事情。

活动3　歌曲　《赋得古原草送别》

活动目标

1. 欣赏歌曲《赋得古原草送别》，理解歌曲的内容。
2. 能够想象诗句描绘的画面，唱诵古诗。
3. 感受音乐所表达的情感，学会珍惜与小朋友之间的友谊。

活动准备

1. 经验准备：发生在自己身上的、关于友谊的小故事。
2. 物质准备：音乐《赋得古原草送别》。

活动过程

1. 教师播放音乐《赋得古原草送别》，引导全班幼儿跟唱古诗并进行肢体动作表现。
2. 教师讲解古诗内容，请幼儿说一说自己听过音乐古诗之后的感受。
3. 教师介绍背景音乐，讲述《赋得古原草送别》的背景故事，帮助幼儿理解歌曲的内容并提问。

教师：故事里的主人翁是怎样送好友离开的？假如你的好朋友要去远方，你会怎样跟他道别？

幼儿思考后回答。

4. 教师带领全班幼儿观看古诗动画视频，引导幼儿思考：动画里的人物表情有什么变化？是什么事情让他这样？为什么？

5. 教师教唱歌曲《赋得古原草送别》，幼儿跟唱。

6. 结束部分。

教师带领幼儿回顾古诗，加深幼儿对友谊的理解，学会珍惜友谊的真挚与可贵。

图 8-18

图 8-19

九、主题活动：小小中医师　传承大国粹

（一）主题活动由来

中医作为中国传统文化中的医学文化，有着悠久的历史。本次主题活动以中药为切入点，以游戏为载体，激发幼儿的探究兴趣，发展幼儿初步的探究能力。在游戏中，幼儿通过直接感知、亲身体验、实际操作，了解中医药与人们生活的密切关系，进而培养幼儿对传统医学文化的兴趣。

户外活动结束后，小朋友们回到班里自主饮水。当教师和小朋友们一起拿起水杯喝水时，孩子们发现，教师水杯里的水跟他们喝的白开水颜色不一样。于是，便走过来闻了闻，发现气味也不一样。豆豆好奇地问："老师，您喝的是什么水呀？"这时，豆豆的话引起了周围小朋友们的注意，他们也都围了过来，好奇极了！教师基于幼儿的这一兴趣点，在班级里开展了"小小中医师　传承大国粹"的系列主题活动。

（二）总　目　标

1. 了解药浴中的几种中草药名称，通过闻一闻、画一画，说一说它们的外形特征。

2. 亲自参与制作中药药浴汤，通过识药、配药、泡药的过程了解中药与人们身体健康的关系，培养幼儿热爱大自然、热爱生命的情感。

3. 通过"小小中医师　传承大国粹"主题活动了解中医药文化，激发幼儿热爱中华传统文化的兴趣，传承传统文化。

4. 培养幼儿从小养成正确的生活习惯，采用科学、合理、健康的生活方式去生活、学习、游戏。

（三）主题活动网络图

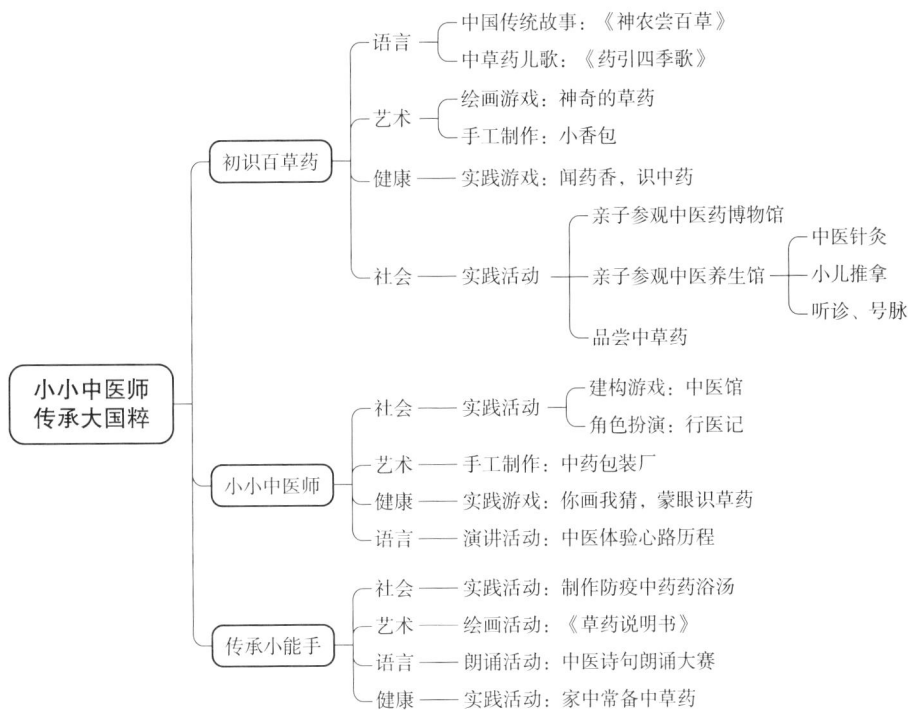

```
                        ┌─ 语言 ─┬─ 中国传统故事：《神农尝百草》
                        │        └─ 中草药儿歌：《药引四季歌》
                        │
                        │        ┌─ 绘画游戏：神奇的草药
            ┌─ 初识百草药 ─┼─ 艺术 ─┤
            │            │        └─ 手工制作：小香包
            │            │
            │            ├─ 健康 ── 实践游戏：闻药香，识中药
            │            │
            │            │                ┌─ 亲子参观中医药博物馆
            │            │                │                      ┌─ 中医针灸
            │            └─ 社会 ── 实践活动 ┼─ 亲子参观中医养生馆 ─┼─ 小儿推拿
            │                             │                      └─ 听诊、号脉
小小中医师      │                             └─ 品尝中草药
传承大国粹 ─┤
            │            ┌─ 社会 ── 实践活动 ┬─ 建构游戏：中医馆
            │            │                └─ 角色扮演：行医记
            ├─ 小小中医师 ─┼─ 艺术 ── 手工制作：中药包装厂
            │            ├─ 健康 ── 实践游戏：你画我猜，蒙眼识草药
            │            └─ 语言 ── 演讲活动：中医体验心路历程
            │
            │            ┌─ 社会 ── 实践活动：制作防疫中药药浴汤
            └─ 传承小能手 ─┼─ 艺术 ── 绘画活动：《草药说明书》
                         ├─ 语言 ── 朗诵活动：中医诗句朗诵大赛
                         └─ 健康 ── 实践活动：家中常备中草药
```

（四）活动案例

活动1　认识草药

活动目标

1. 认识生活中常见的中草药。

2. 初步了解生活中常见的中草药功效及服用方法。

3. 培养幼儿热爱、探索大自然的情感。

活动准备

1. 经验准备：幼儿认识几种简单的中草药。

2. 物质准备：生活中常见的中草药（如玫瑰花、菊花、金银花、茉莉花、胖大海等）。

活动过程

1. 开始部分。

引导幼儿说出自己的发现。

教师：昨天，有位小朋友发现老师喝的水和你们喝的水不一样。谁来说一说，有什么区别？

2. 基本部分。

（1）材料初探，谈一谈自己认识的草药。

教师：小朋友们都从家里带来了可以用来泡水的东西，你们带的东西叫什么名字？长什么样子？请你们说一说。

（2）浅尝百草。

教师：现在，老师想请你们看一看、摸一摸、尝一尝、闻一闻这些药材，说一说你认识哪些、见过哪些、喝过哪些药材。

（3）提问幼儿，请个别幼儿说一说。

3. 结束部分。

（1）药材介绍：教师泡出 2～3 种药材，着重介绍它们的功效及服用方法。

（2）教师：小朋友们也发现了，在生活中，你们的爸爸、妈妈、爷爷、奶奶也会在水里泡中草药喝。这些中草药不仅可以让水的味道变好，也对我们的身体有着非常多的好处。

（3）教师：传染病多发期，我们可以喝一些用中草药泡的水，具有一定的预防效果。也可以熬煮一些银耳雪梨汤、秋梨膏等，平时喝一喝，可以强身健体，养成健康生活的好习惯。

活动 2　神奇的草药

活动目标

1. 了解生活中常见的中药名称及其特点。

2. 知道中草药的种类及其功效。

3. 懂得中草药对我们的身体健康有好处。

活动准备

常见的草药（如陈皮、薏米、菊花、山药、玫瑰花、大枣、桂圆等）、故事《神农尝百草》、儿歌《药引四季歌》。

活动过程

1. 开始部分。

（1）讲故事《神农尝百草》，引导幼儿说出自己知道的草药名称。

教师：这个故事讲了什么？神农为什么要每天上山去品尝草药？他的药，跟你们平时喝的药有什么不一样吗？

（2）小结：平时，小朋友们见过的药有胶囊、片状的、水冲的，而神农的药是草药，要用锅来熬煮。

2. 基本部分。

（1）认识生活中常见的草药。

教师出示生活中常见的草药，如，陈皮、薏米、菊花、山药、玫瑰花、大枣、桂圆等。

（2）请幼儿观察并说出它们的特征。

（3）幼儿品尝泡好的水，说一说是什么味道的。

（4）学习中草药儿歌《药引四季歌》，帮助幼儿更好地了解有关中草药的知识。

春风和煦满常山，芍药天麻及牡丹。

远志去寻使君子，当归何必找泽兰。

…………

3. 结束部分。

教师：除了草药，还有一些动物也可以入药。小朋友们可以回家问一问爸爸、妈妈，一起讨论一下。

活动 3 　我的小香包

活动目标

1. 学习制作小香包。

2. 学会用自己喜欢的图案装饰小香包。

3. 了解自己的小香包有什么功效。

活动准备

小香包、草药、电子秤、针、线、布袋、纸、彩笔。

活动过程

1. 开始部分。

介绍小香包的作用、功效，激发幼儿的制作热情。

2. 基本部分。

（1）观察小香包，一起讨论如何制作小香包。

（2）教师示范制作小香包。

（3）幼儿自己动手制作小香包，亲身体验抓药、称重、包扎、缝制香包等制作过程。

3. 结束部分。

请幼儿到前面介绍自己的小香包里都有哪些中草药、它们的功效是什么。

小结：本次活动，小朋友们了解到了中草药的特点、作用、种类、功效，同时也学会了自己动手、观察、制作小香包，在各方面都有了提升。

图 8-20

图 8-21

（本章由关海燕、李月明、徐曼、薄音、刘亚萍、王佩瑶、王明月等著）

第九章 传统文化下生命教育课程之环境创设

一、小 班

（一）环境创设：西红柿红了

1. 环境创设掠影

（1）孩子们亲自种植西红柿。"看，西红柿开花啦！"

（2）西红柿的果实成熟了，孩子们在观察西红柿结的果。

图 9-1

图 9-2

图 9-3

图 9-4

2. 环境说明

西红柿是我们日常生活中不可缺少的美味蔬菜之一，它可以补充人体需要的元素和营养，同时也是孩子们最喜爱的一种蔬菜。春天是播种的季节，教师帮助幼儿从身边的生活环境中去发现、感受和体验万物的存在和变化，使他们逐步认识到万事万物的变化都与自己的生活息息相关。教师鼓励幼儿与大自然多接触，热爱大自然，爱护环境，善待身边的事物，通过亲手栽种西红柿的秧苗，让幼儿对植物的生长过程有了初步的了解，对植物的根、茎、叶、花、果等有了更直观的认识。通过各种感官的感知，幼儿的观察能力、审美能力、比较能力、与同伴合作的能力、动手操作的能力都得到了发展。

3. 建议

（1）种植环境要宽阔、安全，便于幼儿活动。

（2）可以请幼儿品尝自己种的西红柿果实，说一说西红柿的味道，回到家后，跟家长分享收获西红柿的喜悦。

（二）环境创设：美好的春天

1. 班级幼儿作品展板——《美好的春天》

图 9-5

2. 环境介绍

班级作品展板是结合班级幼儿年龄特点、兴趣和近期的美育重点而创设的，作品以手指点画为主，加上装饰，与园所整体艺术特色环境相呼应。

在"颜色蹦蹦跳"的主题活动下，教师和孩子们一起观察大自然的颜色，同时，结合春季多姿多彩的颜色，让幼儿成为彩色世界的探索者，探索不同颜色的变化。在《美好的春天》作品创作中，幼儿以手指点画的形式进行创作，同时享受着各种色彩带来的惊喜，探索和欣赏着大自然的缤纷色彩，感受色彩变化的魅力，领悟生活的美好和多姿多彩。以幼儿作品展示为主的艺术环境创设不仅美化了幼儿园的环境，也给幼儿、教师和家长提供了欣赏美、感受美的机会。

（三）环境创设：膳食金字塔

1. 环境创设图

图 9-6

2. 环境介绍

"膳食金字塔"主题墙饰结合幼儿日常进餐的食物种类而设计，给白色墙壁增添色彩的同时，又不破坏环境的整洁，为幼儿提供了欣赏图片、感知美的机会。

墙饰背景颜色鲜艳，可以很好地激发幼儿的观察兴趣，帮助他们了解食物的多样性与营养价值，知道食物是维持生命生长和营养的重要因素。幼儿通过"膳食金字塔"主题墙饰可以了解食物的营养等级，营养越丰富的食物越处于金字塔的顶端。

（四）环境创设：春天藏在树枝上

1. 环境创设图

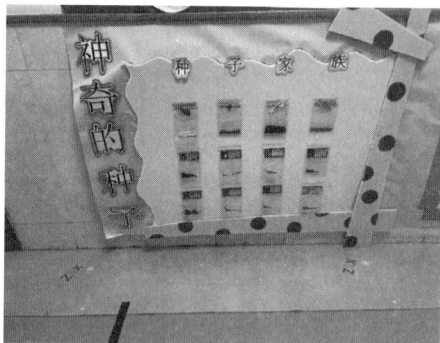

图 9-7

图 9-8

图 9-9

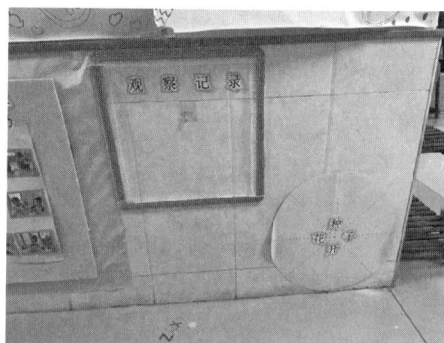

图 9-10

图 9-11

图 9-12

2. 环境说明

我们通过惊蛰的新发现展开了对玉兰树生长变化的探索，开展了"春天藏在树枝上"这一主题活动。教师结合玉兰树在春天的生长变化，引导幼儿发现并探究了玉兰树长了毛球（花骨朵）——毛球脱落（花骨朵的两次外壳裂开脱落）——露出花苞——玉兰花开的生长过程，培养了幼儿的观察力、发现问题和解决问题的能力。幼儿对身边的、植物的探究兴趣有了明显的提高，在感知春天万物复苏的过程中，孩子们爱上了大自然，喜欢观察大自然。

在观察、探究的过程中，引发了一系列有趣的、探索自然生命的活动。在探究"玉兰树的变化（惊蛰）"的活动过程中，孩子们观察到玉兰树长出了许多的"小毛球"，这充分激发了孩子们的好奇心与想象力。他们能够迁移已有经验进行大胆猜想并主动表达自己的见解。在看一看、摸一摸"小毛球"的过程中感知春天给玉兰树带来的变化。在兴趣的引领下，班里的一部分孩子开始自发地关注玉兰树。发现玉兰花的变化后，他们非常兴奋。教师有意识地引导幼儿把问题继续深入讨论下去，激发幼儿主动学习的热情，让他们真正地投入对玉兰花的探索与发现中。因为近期天气依然比较寒冷，孩子们能结合自己的已有经验进行猜想，将玉兰花苞毛茸茸的外壳联想成玉兰花是因为怕冷，所以穿上了"厚毛衣"，感受着大自然的生命智慧。

在"聪明的玉兰花（春分）"活动中，孩子们用自己的感官感知着天气的变化，如，发现幼儿园里的小草冒出了绿芽、丁香树长出了小叶子，还觉得天气比之前暖和了。而最让孩子们惊喜的发现则是玉兰树的变化。教师积极利用家长资源，让家长参与到活动中来，一起探究"为什么玉兰开花，有的早、有的晚""为什么玉兰花的颜色不一样"。带着这些疑问，教师、幼儿和家长一起查阅资料后，了解到玉兰树的花期一般在 3～5 月。如果气温高，则有可能开花的时间会提前，而且玉兰花的品种不同，开花的时间也会不同。除此之外，孩子们还有了新的收获，原来不同颜色的玉兰花还有不同的名字，经过反复比对，他们知道了白色的玉兰就叫"白玉兰"，而紫色的玉兰叫作"二乔玉兰"。通过家园携手，开拓了幼儿的视野，激发了幼儿感知自然生命智慧的兴趣。

随着清明节的到来，幼儿园里春意尽显，嫩绿的小草和树叶在风中舒展着，淡紫色的丁香花散发出阵阵香气。我们开展了"清明节的惊喜（清明）"活动。到了户外，我们看到了盛开的玉兰花，而有的在盛开后已经开始凋谢，花瓣散落了一地。"玉兰花瓣是什么样儿的？玉兰花有香味吗？"带着这些问题，教师引导幼儿一起观察玉兰花的外形特征，并捡起地上的花瓣，通过摸一摸、闻一闻等亲身感受的方式感知玉兰花。孩子们发现玉兰花的花瓣比想象中的厚，凑近了闻，会有淡淡的香味。通过对比不同的花瓣，幼儿感知越是新鲜的花瓣，香味越明显，反之则香味越来越淡，甚至没有香味，而是土味儿。

教师结合小班幼儿的年龄特点，在开展主题活动的过程中，将生命教育和节气联系起来，引导幼儿感受大自然的美、发现植物生长的规律、感知生命的珍贵，从而发现生命中蕴含的神奇与美好。

3. 建议

（1）环境创设的墙饰要低一些，方便幼儿摸摸、看看、说说。

（2）教师应充分利用幼儿园的自然环境，引发幼儿观察与探索的兴趣，引导幼儿靠自己的智慧通过独立思考去发现问题，从做中学、从实践中积累经验。

（3）教师应充分利用家长资源，为活动提供支持与帮助，将身边的自然生命与幼儿的学习、生活紧密相连。

二、中　　班

（一）环境创设：奇妙的种子

1. 环境创设图

图 9-13

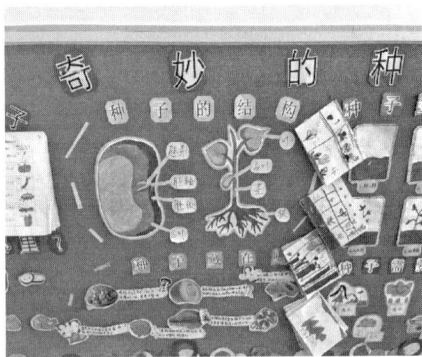

图 9-14

图 9-15

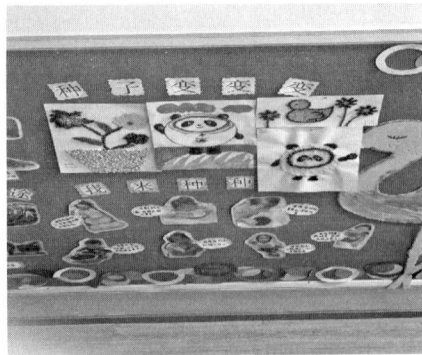

图 9-16

2. 环境说明

一天中午，吃火龙果的时候，有一桌的孩子们关注到了火龙果的籽儿。于是，我就问他们："怎么了，有什么可以帮你们的吗？"子安说："老师，这个火龙果的籽儿是这个像黑芝麻一样的东西吗？"我说："对呀！""那这个籽儿这么小，怎么弄出来呀？"通过聊天，我发现孩子们都很好奇水果里的种子。于是，我们就开展了"奇妙的种子"这个主题活动。通过这个主题活动，让幼儿感受植物的生长变化，体验最传统的种植过程，也引起了幼儿对生命生长的好奇心。

在"我的植物"的活动中，孩子们认真地讨论着："怎样才能把自己的种子照顾好？"在他们讨论的过程中，我只是以一个旁观者的身份，认真地倾听他们的讨论。当他们有疑问的时候，会主动来问我，我就会加入他们的讨论中。如："种子都可以水培吗？为什么有的种子可以水培，而有的种子只能土培呢？"在照顾种子发芽的过程中，孩子们也有过失败，但他们会从失败中吸取教训，如火龙果不应长时间被太阳晒着，水不能每天都浇得那么满，每天要做好记录等。种子发芽失败后，孩子们又种了一盆属于自己的新植物。这个活动让他们知道了不要害怕失败，只有坚持探索，才可以成功。同时，在种植的过程中，幼儿知道了种子生长需要时间，需要耐心等待，更是从中体会到生命生长的不易。

3. 建议

（1）环境创设要便于幼儿操作。

（2）在种植过程中，引发幼儿观察与探索的兴趣，引导幼儿在实践过程中思考并发现问题，从实践中积累经验。

（3）利用亲子活动，将身边的自然生命与幼儿的学习、生活紧密相连。

（二）环境创设：《悯农》

1. 环境创设图

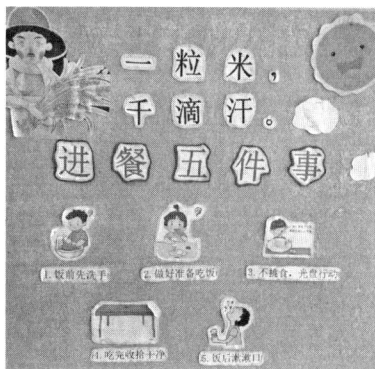

图 9-17

2. 环境说明

刚升入中班的幼儿在进餐常规方面需要教师重点关注。墙饰"《悯农》"展现了农民伯伯在烈日炎炎下辛勤耕种的场景，激发幼儿懂得珍惜粮食并逐渐养成良好的进餐习惯。墙饰中，农民伯伯手中沉甸甸的稻谷穗，让幼儿感知每一粒粮食都是农民伯伯用"千滴汗"换来的，知道粮食来之不易。由此引发幼儿在进餐过程中做好"五件事"，即"饭前先洗手""做好吃饭前的准备""不挑食，光盘行动""吃完收拾干净""饭后漱漱口"。教师利用图示和简短的文字具体、形象地展示出进餐中的关键环节。此墙饰中的"不挑食，光盘行动"，教师可根据班里幼儿进餐情况，集体评选出"光盘行动小榜样"展现在墙饰中，激发幼儿在进餐过程中"吃多少，取多少，不浪费"。通过主题墙饰提高了幼儿进餐的积极性，也培养了幼儿文明进餐、珍惜粮食的好习惯。

3. 建议

（1）环境创设的墙饰要低矮一些，便于幼儿观看、欣赏及讨论。

（2）图片下方的提示语要精炼、简短。

（3）提倡家园共育，家长在家里要为幼儿树立"珍惜粮食"的好榜样。

（三）环境创设：幼儿园之四季变化

1. 幼儿园里一棵树的四季变化

（1）环境创设图：记录幼儿园里一棵树的四季变化。

图 9-18

（2）环境说明。

九月，幼儿升入中班后，一次户外活动时，忽然一阵风吹过，树叶轻轻地飘落下来。这一现象引发了幼儿对窗前这棵树的兴趣，大家商量着要记录这棵树的变化。于是，我们每天在晨间点名环节关注、记录大树的变化。幼儿又结合班级的区域游戏"照相馆"活动，每天为大树进行拍照、记录，通过拍照和画图等方式保留和积累了有趣的探索与发现，记录了幼儿园一棵树的四季变化，学习了基本的观察方法，感知四季给植物带来的多种变化。春夏秋冬，四季交替，大树也变换着它的容貌，给我们的窗外增添了不同的色彩。在对这棵树一年四季的观察与记录过程中，幼儿深深地体会到植物生命力的顽强与勇敢，它不畏酷暑与严寒，像解放军叔叔一样坚强地伫立在我们身边，为我们遮风挡雨。

（3）建议。

①记录过程中，如果没有相机，也可以利用四季节气进行户外观察和写生。

②可以请幼儿多角度地对多种植物进行观察与记录。

2. 幼儿园里的春耕与秋收

（1）环境创设图：记录幼儿园里春耕与秋收的变化。

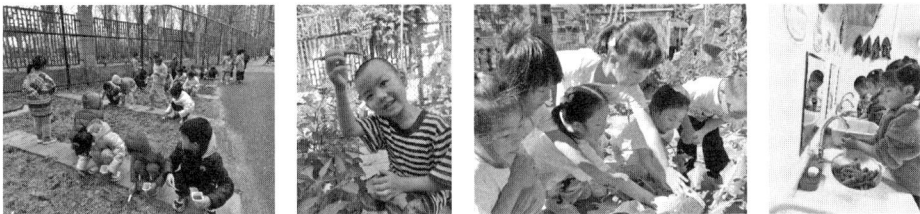

图 9-19

（2）环境说明。

"幼儿园里的春耕与秋收"主题墙饰中体现了大自然四季更迭，幼儿在春天翻土、播种，经过夏天漫长的等待与照顾，终于迎来了秋天的硕果累累。幼儿园的环境需要孩子们亲手去创造。因此，教师为幼儿提供了有趣的探究工具。教师用自己的好奇心和探究的积极性感染和带动幼儿参与环境创设。通过春耕与秋收的活动，让幼儿亲自感知四季植物与果实的变化，同时体会劳动的辛苦，也懂得了要爱惜粮食、节约粮食。

（3）建议。

①把室内和室外的活动结合起来，给幼儿提供动手操作的机会。

②引导幼儿认识和观察植物，结合植物的阶段性变化了解果实成熟的过程。

3. 植物生长我知道

（1）环境创设图：①植物生长需要什么？②自己动手种花。③我们的盆景好漂亮！

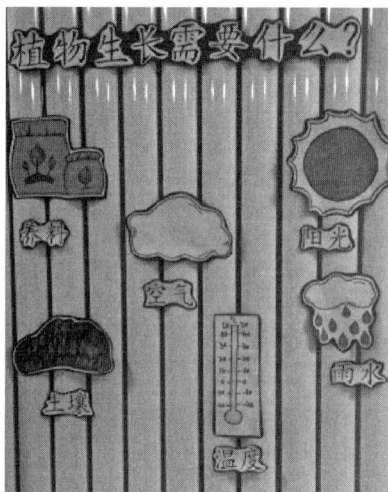

图 9-20

图 9-21

图 9-22

（2）环境说明。

"植物生长我知道"的主题墙饰是结合植物角创设的。幼儿在室内种植自己熟悉且常见的植物，同时用折纸、剪纸等方式记录和陪伴植物生长，丰富冬日里幼儿园无花的时节。图片可以提醒幼儿每天照顾植物，增进了对植物的了解，同伴之间互相分享照顾植物的方式，进而锻炼了幼儿的语言表达能力和社会交往能力。在班级种植属于自己的植物，也让幼儿对班级更有归属感。幼儿在照顾植物生长的过程中知道植物也是有生命的，更加珍爱生命、关注生命。

（3）建议。

①通过图片提示与记录帮助幼儿梳理、总结植物的生长过程。

②教师引导幼儿观察图片，关注植物营养的补充。

4. 丰富而有趣的秋冬活动

（1）环境创设图。

图 9-23

图 9-24

（2）环境说明。

此墙饰创设在班级教室门外的走廊里，结合幼儿园秋冬季节活动内容而创设。通过幼儿参与自制的水果娃娃，体验秋收的喜悦，感受树叶的多种形状和组合造型；结合有关冬奥会主题内容的创设，引导幼儿了解国际时事新闻，关注身边发生的重大事件。幼儿通过自制冰雪运动图片，感知冬季运动的乐趣，了解运动项目，向运动员们学习团队的信任与合作，在比赛中勇敢拼搏和更快、更高、更强、更团结的精神，以及在任何比赛中胜不骄、败不馁的优秀品质。生命教育从残奥会的墙饰创设中体现，引导幼儿了解如何关爱身边需要帮助的人，做自己力所能及的事情。

（3）建议。

①在图片的引导下，让幼儿亲手制作墙饰，成为班级环境的主人。

②引导幼儿观察并发现身边更多的奇思妙想，丰富秋冬季节班级环境内容。

5. 我与幼儿园四季共成长

（1）环境创设图。

图 9-25

图 9-26

（2）环境说明。

幼儿园环境在班级里、在菜园里、在每个小朋友目之所及的眼睛里。我们用照片、绘画、标记身高等记录着各种变化，如幼儿园四季环境的变化、大树树叶的变化、小朋友身高的变化、祖国越来越强和年份的变化……孩子们通过四季变化感知生命的生长过程和规律，也更加喜爱幼儿园，更加关心身边事物的变化，关注身边环境的变化，关注自己的变化，知道如何保护自己、如何关心朋友、如何与大自然和谐共处。

（3）建议。

①通过图片引导幼儿结合植物变化联想到自身的变化，体验生命的生长过程。

②引导幼儿观察幼儿园四季有趣的变化并记录。

（四）环境创设：抚育幼苗成长，感受生命力量

1. 环境创设

抚育幼苗成长，感受生命力量。孩子们亲手种下了小种子，观察并记录着种子发芽及长出幼苗的过程。

图 9-27

图 9-28

图 9-29

图 9-30

2. 环境说明

"苔花如米小，也学牡丹开。"神奇的大自然创造、孕育了许许多多的生命，植物便是其中之一。植物从一粒小小的种子经历发芽、开花、结果的过程，尽自己的全力绽放着大自然赋予自己的美丽与力量，给我们以生命的启迪。

春暖花开的时节，在一次户外活动中，孩子们发现幼儿园里的小草发芽了，由此产生了关于植物发芽、生长的各种问题并展开了热烈的讨论。在此过程中，他们表现出了强烈的兴趣与求知欲，并积极、主动地寻找答案。我趁机引导并鼓励幼儿积极探索、认识各种植物的种子，尝试种植在春天发芽的植物种子，并最终生成了生活化的"抚育幼苗成长，感受生命力量"系列主题活动。这一主题活动不仅激发了孩子们的种植兴趣，让他们学会并掌握了简单的种植技能，更重要的是让他们经历了从播种到收获、从发芽到结果的过程，在对植物生命过程的观察与记录中，真切地感受到了生命的规律与力量。

（五）环境创设：种植与收获

1. 环境创设

种植与收获。孩子们亲自种下小种子，每天看护幼苗，照顾幼苗生长，直到结出果实。在此过程中，孩子们感受着植物的生长与收获。

2. 环境说明

种植活动是开展生命教育的重要契机。教师以绘本《安的种子》为出发点，让幼儿简单感受人与自然的关系，了解植物的生长规律和特点，尊重自然规律；通过传统节日植树节，开展教育活动，让幼儿进一步了解种子的生长过程，鼓励幼儿"爱护树木，从我做起"。又在"给树木浇水"这一环节中，感受生命自然生长的力量；在庄严的升旗仪式中，融入主题"保护地球妈妈"让"爱绿、护绿"的种子在小朋友们的心中长大、发芽；幼儿通过实践活动"小菜园"，体验亲自播种、浇水等，照顾蔬菜，感受黄瓜苗长高、开花、爬架、结果这一生长过程，种植活动的开展既符合幼儿天性，又让幼儿感受到了植物生命力的顽强，了解生命的伟大，懂得要珍惜生命。

3. 建议

（1）引导幼儿观察小菜园蔬菜的生长变化，摸一摸，看一看，说一说，画一画。

（2）鼓励家长带领幼儿亲近大自然，爱护大自然。

图 9-31

（六）环境创设：奇妙的种子

1. 环境创设图

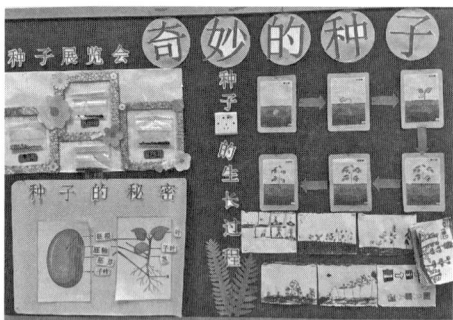

图 9-32

图 9-33

图 9-34

图 9-35

2. 环境说明

（1）利用黄绿配色表现春天的生命力，使幼儿感受美术中色彩搭配的美。可以互动的墙饰，让幼儿在自由活动时间与墙饰互动、游戏，帮助他们了解种子的构造，进一步加深对植物的喜爱之情。墙饰采用木框、花边与废旧材料制作成展示种子的边框，使幼儿感受多种材料综合利用呈现出的立体美感。

（2）幼儿亲手制作自己眼中的种子生长过程，表达自己对种子生长的美好心愿。

（3）春天到，万物复苏。幼儿园主题墙饰中的各色花朵在绿叶的衬托下显得更加鲜艳，纹理清晰的大树也更加生动、形象，有身临其境之感。俗话说："清明前后，种瓜点豆。"教师结合节气特点和习俗，在清明节时开展了种植活动，并用照片的形式记录在主题墙上，让幼儿感受生命成长过程的变化及喜悦之情，感受生命的伟大与独特。

三、大　　班

环境创设：消防栓的秘密

1. 环境创设图

消防栓的秘密。

图 9-36

2. 环境说明

教师通过消防演练活动，引导幼儿对消防设施产生了兴趣。在一段时间内，有关灭火器、消防栓、防烟面罩等成了幼儿讨论的话题。教师抓住此教育契机，引导幼儿认识幼儿园消防栓的位置、标识，了解消防设施的来历。其实，我国在古代就已经非常重视消防了，消防设施和工具有望火楼、水囊、藤斗水枪、水龙车等，慢慢地演化成现在的消防栓。那消防栓里有什么呢？教师打开消防栓的门，让幼儿一探究竟，里面有灭火器、消防水带、水枪、接扣、卡子等。通过消防栓上的图示及教师的讲解，幼儿了解了消防栓的使用方法及作用。幼儿通过看一看、摸一摸等方式加深了对消防栓的认知。了解到如果真的有火灾发生，由于幼儿年龄较小，消防设施里的器材还不能独立使用。因此，我们让每个幼儿都知道安全出口的位置，学会尽快逃生。如果有浓烟，要弯腰行进。通过环境创设让幼儿关注消防安全知识，学会保护自己的方法，保证生命安全。

3. 建议

（1）可以让幼儿观看消防栓的使用视频，更直观地了解消防栓的使用方法。

（2）可以邀请消防员为幼儿讲述自己的故事，让幼儿对消防安全有更深刻的认识。

四、园所大环境

（一）环境创设：藏在盒子里的故事

1. 楼内公共区域：藏在盒子里的故事

（1）环境说明。

有故事的童年总是充满乐趣和令人期待的。在大兴九幼这个有传统、有故事、有温度、充满爱的幼儿园里，我们的幼儿与幼儿、幼儿与教师、幼儿与家长、家长与教师每天都在发生新奇而有趣的故事。这些故事被充满智慧的教师、家长和小朋友们用绘画、粘贴、撕剪等形式记录下来，并制作成了精美、漂亮、趣味十足的故事盒子。

图 9-37

这里有中国神话故事《嫦娥奔月》《大闹天宫》，经典童话《三只小猪》《小马过河》《小猫钓鱼》《丑小鸭》，情绪绘本《一万个抱抱》，寓言故事《龟兔赛跑》《乌鸦喝水》《猴子捞月》《皇帝的新装》，成语故事《守株待兔》等，还有的故事来自孩子们的创编和想象，如《马路趣闻》《森林运动会》《我和好朋友》《我爱你中国》。小小的故事蕴藏着大大的道理，这些故事有亲情和感动，有勇敢和智慧，有反思和启迪，更有经典和传承。

（2）举例。

①故事《一万个抱抱》。

《一万个抱抱》这是小班一位小朋友和妈妈共同讲述的故事。通过手机扫描故事盒子旁边的二维码，可以听到孩子稚嫩的童真话语，家长有感情的旁白解读，让听众真切地了解故事的内容，被这对母女的话所感动，原来亲情的陪伴是如此的美好。

图 9-38

②故事《我和好朋友》。

《我和好朋友》是中班一位小朋友讲的关于友谊的故事。在幼儿园里，他交到了一位活泼、可爱的好朋友，两个人每天形影不离，游戏在一起，吃饭、午睡在一起，就连排队也要挨在一起。他们最喜欢玩"小餐厅"的游戏，和朋友在一起就很开心。看，他们笑得多甜，孩子们的世界真神奇，幸福原来可以如此简单。

图 9-39

③故事《龟兔赛跑》。

《龟兔赛跑》的故事相信大家都不陌生，这个故事也是大班小朋友的最爱，故事里有一只骄傲的兔子和一只不懈努力的小乌龟，结局大家都知道兔子输掉了比赛，乌龟赢得了冠军。但是，如果再有一次比赛，结局会被改写吗？想象就像长了翅膀，带着孩子们飞到乌龟和兔子的第二场比赛中……想说、敢说、有机会说就用经典故事盒子来满足孩子们的表达欲望，实现他们的想象吧！

图 9-40

2. 幼儿与环境互动

孩子们在来园、离园、过渡环节或闲暇时都会自发地来到故事盒前，他们和同伴讲述着自己喜欢的故事，或者说一说自己发现的有趣故事，门厅处经常传来孩子们开心的笑声。

故事"启智润心"，为孩子们打开了一扇认识世界的大门；故事"培根铸魂"，在孩子们内心深处埋下一颗真、善、美的种子。我们相信种子生根、发芽后，在美与雅、良与善、爱与真的滋润与灌溉下，终将长成参天大树，并结出累累硕果。

图 9-41

3. 建议

（1）注意公共区域环境创设应满足不同年龄段幼儿的需求，可以将每个故事录制成音频，将播放音频的装置设置在故事盒旁边，便于幼儿点读，从而更直观地了解故事内容。

（2）鼓励家长、幼儿、教师都参与到故事盒子的制作中来，且表现方式可以采用多种方式呈现，如绘画、剪贴等，材料的使用要突出利用废旧物制作，立体与平面相结合，同时关注丰富性、趣味性及美观性。

（3）教师应关注到幼儿讲故事时的状态，听到有趣且创意十足的故事，应及时记录下来，便于形成新的故事。

（4）及时维护公共区域环境，鼓励幼儿珍惜爱护故事盒子，发现有破损或陈旧的要及时修补、更换，更换下来的故事可以做成"幼儿故事集锦"进行档案留存。

（二）环境创设：我把我留给幼儿园

1. 环境创设图

图 9-42

图 9-43

图 9-44

图 9-45

2. 环境说明

大班幼儿即将离开幼儿园，去上小学。他们对幼儿园生活的留恋和对小学生活的向往构成了此时幼儿的主要心态。"我把我留给幼儿园"墙饰的创作主要是从幼儿的情感入手，利用民间美术的手法，引导幼儿将自己的脸用童趣的方式表现出来。孩子们拿来了家里的纸箱子作为基础材料，制作了各种形状的头。脸部是通过粘贴、涂鸦、剪裁等方式创作而成，尤其是面部表情，孩子们都特别善于观察，他们把自己的特点表现得十分传神：有的突出自己的大眼睛，有的把自己画得横眉立目，非常威武，有的十分俏皮。最后，教师们把这些幼儿的作品《脸》集中在一起，粘贴在主题墙上，孩子们看到"自己创作的自己"留在了幼儿园，都非常开心。

这次活动，孩子们集体参与了创作，他们观察、设计、制作，用废旧材料、简单的技法、滚烫的情感表达了对幼儿园的留恋与祝福，也表达了他们对未来生活的无限向往。这样的作品没有复杂的材料，没有豪华的装裱，只有孩子们的童真与挚诚，老师们的质朴与育人之心。

（三）环境创设：天气播报站

1. 环境创设图

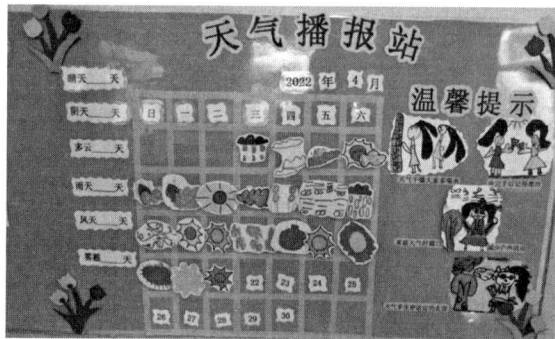

图 9-46

2. 环境说明

《指南》中指出："幼儿的科学学习是在探究具体事物和解决实际问题中尝试发现事物间的异同和联系的过程。"幼儿在对自然事物的探究和运用数学解决实际生活问题的过程中，初步尝试归类、排序、判断、推理，获得丰富的感性经验，充分发展形象思维，逐步发展逻辑思维，为其他领域的深入学习奠定基础。

"天气播报站"主题墙饰结合大班幼儿年龄特点、兴趣点及现有发展水平，在认识"周"的基础上，逐渐认识"月"；在前期观察天气的基础上，了解天气变化的种类；利用"天气播报站"的形式，初步尝试归类和简单的统计。

在"天气播报站"活动开展的过程中，孩子们对每天的天气变化逐渐产生了兴趣，愿意用眼睛去观察周围环境的变化，记录黄瓜的生长过程；愿意用耳朵去倾听不同天气发出的不同声音；感受到不同天气着装的变化、饮水量的变化等，逐渐对神奇的天气变化产生了浓厚的探究兴趣。

图 9-47

（本章由关海燕、许会妍、郭萌萌、刘钰、蔡连兵、边雪莲、高颖等著）

第十章 传统文化下生命教育活动相关经验

一、传统文化下的幼儿生命教育初探

在科技不断创新、物质条件优越的当今社会，校园霸凌、虐待动物、投毒自杀等触目惊心的校园问题层出不穷。人们在看到新闻报道后，都会产生这样的疑问："我们的孩子怎么了？怎么变得这么冷漠、自私和残忍？"特别是一些爷爷、奶奶们总会感慨："以前缺吃少穿，那么艰苦的环境下，孩子们都能苦中作乐。现在的孩子们都是在蜜罐里长大的，怎么能干出这样的事？"

李玫瑾教授曾经说过："孩子的问题都是父母的问题。"但这仅仅只是父母的问题吗？在"不能输在起跑线"社会大环境的影响下，焦虑的不只是父母，还有我们的幼儿园。截止到目前，国内大多数幼儿园都将重点放在了幼儿智力、能力的发展上，忽略幼儿情绪、情感需求和心理需求，对幼儿生命教育观念和意识比较淡薄。随着时间的推移和年龄的增长，容易造成幼儿的心理素质差、独立解决问题的能力差、行为偏激等问题。

《纲要》中明确提出："幼儿园必须把保护幼儿的生命和促进幼儿的身体健康放在工作的首位。树立正确的健康观念，在重视幼儿身体健康的同时，要高度重视幼儿的心理健康。"《指南》中也提出："幼儿阶段是儿童身体发育和机能发展极为迅速的时期，也是形成安全感和乐观态度的重要阶段。"可见，幼儿阶段是今后树立健康、积极、乐观心态的重要阶段。我园立足于传统文化对幼儿生命自我认知的研究，通过研究发现传统文化对幼儿生命教育有着非常大的影响。

（一）传统节气，感知四季更迭

每学期，幼儿园都会开展幼儿安全教育，以消防安全教育、交通安全教育、防拐骗、防触电、防火、防震教育为主。幼儿能够随口说出"火警电话119、报警电话110"。诚然，这些基本的生存、逃生技能在关键时刻能够拯救生命，但是在日常生活中，缺乏对生命教育本身的探索和重视。

中国传统文化中的二十四节气被誉为"中国的第五大发明"。"春种夏长，秋收冬藏。"通过二十四节气，幼儿了解到了自然的变化规律和四季的更迭。"冬至饺子，夏至面；清明风筝，谷雨花。"孩子们在感受节气物候变化与习俗的同时，也感受着中华文化博大精深的魅力。

（二）传统游戏，满足同伴需求

爱玩是孩子们的天性，会"玩"的孩子更聪明，这是家长们的共识。尽管幼儿园和家里有各种各样的玩具，但是孩子们还是不断地要求买新的玩具。无论是玩具还是科技产品，孩子们对玩具的依赖要高于同伴，似乎离开了玩具，我们的孩子就"不会玩"了。陈鹤琴先生曾说过："玩具如果只是按固定的模式让儿童模仿，那是死的。这类玩具表面上变化多端，实际上是死的玩具。"

幼儿之间的游戏互动逐渐被玩具、电子产品所取代，幼儿自主、有目的地游戏逐渐被边缘化。通过研究，我们发现，传统游戏虽然材料简单，但是多种多样的形式变换，不仅能满足幼儿的游戏需求，还能在游戏过程中促进幼儿之间的互动、协商、合作等多方面的发展。如传统游戏"跳皮筋"，至少要有三名幼儿，才能开始游戏，两个幼儿撑着皮筋，第三个幼儿跳皮筋。随着皮筋高度的升高，游戏难度也增加了。游戏失败后，跳皮筋的人改为撑皮筋。另一名幼儿开始跳皮筋，直至自己游戏失败后，跳皮筋的人再次轮换。在跳皮筋的过程中，不难看出，所有参与游戏的幼儿都是自发地、主动地、积极地参与游戏，即便是看似无聊的撑皮筋的孩子，也是在游戏的过程中精神高度集中，关注同伴游戏表现。幼儿在跳皮筋的过程中，不但增强了幼儿之间的情感交流，还能培养幼儿在游戏中调整自己的行为、情绪、需求，同时遵守游戏规则、处理好同伴关系、学习友好相处等，进一步提升了交往能力，培养良好的心理品质及合作、分享等亲社会行为。

图 10-1

（三）经典诵读，感恩父母

"弟子规，圣人训。首孝悌，次谨信。"国学经典《弟子规》在开篇之初就阐述了"首先要孝敬父母"的思想。放眼当今社会，家家都是"小公主""小皇帝"，孩子们早已习惯集万千宠爱于一身，在独占、独享、独有的思想下，形成唯我独尊、自以为是、霸道蛮横的不良人格。在这种情况下，幼儿很难体会什么是孝敬父母、如何感恩父母。

幼儿通过诵读经典国学《弟子规》的活动，结合动画片中讲解"孝、悌、忠、信、礼、义、廉、耻"的画面，能够理解《弟子规》中句子的含义。"父母呼，应勿缓。父母命，行勿懒。父母教，须敬听。父母责，须顺承。"在诵读经典的过程中，幼儿逐渐感受到父母对自己的爱，以及应该如何孝敬父母。相信在充满感恩和爱的思想下，幼儿会形成自尊自爱、积极向上的人生观。

孩子们在传统文化的熏陶下，不但是对文化的传承，还有对生命的感受与感悟。在四季交替中感悟生命的轮回，在游戏中感悟与同伴友谊的珍贵，在经典诵读中感悟父母的恩情。"赠人玫瑰，手有余香"，当我们的孩子内心充满友善与爱，那么未来一定会收获一片花海。

（撰写：北京市大兴区第九幼儿园　徐　曼）

二、将幼儿园生命教育融入民间游戏的实践探究

（一）幼儿园开展生命教育的意义

2010 年，《国家中长期教育改革和发展规划纲要（2010—2020 年)》明确提出"重视安全教育、生命教育、国防教育、可持续发展教育"。生命教育正式成为国家教育战略的一部分，逐渐在中、小学落地生根。相比中、小学生命教育理论研究与实践的齐头并进，幼儿生命教育的研究与实践显得滞后许多。因此，我认为在这样一个呼唤生命教育的时代背景中，作为终身教育奠基阶段的幼儿教育理应承担起生命教育的重任，在幼儿园中渗透、开展生命教育内容是重要且必要的。

（二）实施生命教育的途径

《幼儿园工作规程》明确规定幼儿园要以游戏为基本活动。2007 年，牛玲从生命的角度调查了当前幼儿园的体育活动情况，发现幼儿园体育活动中"生命"缺失的现状，针对这种状况提出了"生命化"幼儿园体育活动，并对其概念的内涵、价值理念及活动的实施原则等方面进行了阐述。我园以此为依据，尝试利用幼儿喜闻乐见的民间游戏，充分发挥其特点，帮助幼儿初步建立对自己和他人生命尊重和珍惜的态度、提高自我保护的意识与能力，帮助幼儿在遇到困难时能勇敢地面对与积极地解决。

（三）实施生命教育的实践

1. 预设活动内容与指导策略

在民间游戏中，教师可以根据游戏目标、规则、玩法等，挖掘游戏中显性和隐性的生命教育内容，预设指导策略。比如，在"挑小棍"的游戏中，教师预设的游戏规则为：游戏可以两人或多人轮流进行，游戏前商量好谁先撒小棍；撒小棍的小朋友把一束小棍握在手中，端立在桌面，松开手，让小棍自由地散落在桌面上；小朋友们轮流把桌子上的小棍挑起来，每次只能挑起一根小棍；挑小棍时，不能碰到其他小棍；如果碰到其他小棍，就换下一个人挑小棍；大家轮流挑小棍，直到小棍全部挑完；最后，数数谁得到的小棍多，多的为胜。预设的支持策略为教师可以准备三种小棍：一种是又粗又长的小棍，适用于动手能力弱和初次玩的幼儿；一种是又细又短的小棍，适宜动手能力比较强的幼儿；另一种小棍分颜色和大小，适合动手能力特别强的幼儿。

该游戏在设计方面，首先，引导幼儿对自己有一定的认知评价能力，即动手能力的认知与预判，才能选择难度适宜的游戏材料完成游戏挑战。其次，该游戏具有一定的难度，需要幼儿不受外部环境及他人的干扰，专注自己的游戏。挑棍时，仔细观察、全神贯注，灵活、协调地运用手部精细动作进行。小棍散落后，会呈现错综复杂的状态，需要参加游戏的小朋友想办法成功地挑起一根小棍，同时又不能触碰其他的小棍。教师密切关注幼儿状态，发现幼儿出现畏难情绪时，及时引导幼儿遇到困难能以积极的心态面对并想办法解决，从而提高幼儿的抗挫折能力。最后，该游戏为多人竞赛游戏，引导幼儿在游戏过程中能够与同伴愉快游戏，合作与分享，正确看待输赢，不因输赢产生过激的情绪和行为。

2. 游戏中偶发事件的随机性指导

在一次大班进行的户外集体游戏中，教师组织幼儿以接力的形式开展民间体育游戏。幼儿分为四组。游戏规则需要幼儿手递手传递接力棒。如果中途掉棒，要及时捡起来。速度最快的一组为胜。游戏开始后，孩子们开始大声为本队的队员们加油、呐喊。每一个参与的小朋友都十分投入。慢慢地，其中有两个队的小朋友遥遥领先，他们之间难分伯仲。还剩下最后一棒时，突然其中一队的小朋友在传递接力棒时没拿稳，接力棒掉在了地上，等重新捡起来再出发时，胜负已然分出。险胜的小队队员们欢呼雀跃，剩下的三队小朋友有的面无表情，有的遗憾、抱怨。突然一声"嚎哭"，引起了所有师生的关注，原来是"掉棒"那队的一位小朋友伤心的情感难以控制，他大声喊道："我们差一点儿就赢了，你为什么要掉啊?! 我不想输!"

教师走过去抱住他，安慰他："你很难过吧？我知道你很想赢得比赛，刚才也跑得非常快，你刚才的表现好极了。"幼儿的哭声减小了，但依然噘着嘴说："我们本来不会输的，我就喜欢得第一名。"教师问："为什么会输？"幼儿说："都怪小朋友掉了棒。""不掉就一定会赢吗？刚才可是不分先后的，即使不掉也不一定赢呢！"教师追问。幼儿想了想说："可是我就喜欢第一名，就是因为掉了，所以肯定要输。"教师再问："为什么会掉？"幼儿闭口不答，旁边同队的小朋友说："因为没拿稳吧！"掉棒的小朋友说："他（前一个小朋友）给我的时候，我还没拿住，他就撒手了。"教师说："呀，原来是这样，小朋友们找到了失败的原因，那么下次我们一定要注意这一点，提前和自己的队的小朋友都说一下，是致就不会再因为这个问题输了比赛呢？"哭泣的幼儿止住了悲伤，但仍然耿耿于怀自己的队输了比赛，以致户外分散游戏时一直闷闷不乐，拒绝参加游戏。

从这个例子可以看出，教师对幼儿进行了一些有效的随机指导。首先，教师通过话语与幼儿共情。其次，教师帮助幼儿寻找失败的原因，建立主动解决问题及合作获得成功的意识。其实，幼儿在遇到输了比赛时难以抑制地大哭及一心想得第一名的心理现象是需要持续关注和引导的，不是仅靠幼儿园的教育就能达到效果。教师进一步追踪并了解该幼儿的情况得知，该幼儿的父母对幼儿期望值很高，对幼儿的指导多以"第一名最棒""你是第一名，爸爸、妈妈最高兴"为主，每天回家还要给幼儿进行知识类辅导。而在幼儿园的生活中，该幼儿处处争强好胜，遇到不如意必定会痛哭或者大喊。因此，在幼儿园中实施生命教育应是社会、幼儿园及家庭三位一体共同关注与配合的。

所举事例只是对幼儿生命教育做了一点粗浅的分析，期待后续有更多深入的研究。我们关注和尝试引导幼儿提高抗挫折能力及解决问题的能力，学会正确的表达、抒发自己的情绪等，都是以实现"认知生命""欣赏生命""尊重生命""爱惜生命"为目标，引导幼儿"学会求知""学会做事""学会学习""学会共处"，体现出民间游戏对幼儿生命教育的价值。希望在全体教师的共同努力下，最终可以通过游戏为幼儿提供支持，实现幼儿生命教育的价值。

（撰写：北京市大兴区第九幼儿园　刘千千）

三、结合绘本开展传统文化主题活动，助力幼儿生命教育
——提升中班幼儿自我保护能力

绘本作为一种独特而新颖的教学资源越来越受到教育界广泛关注。绘本的内容贴近幼儿生活，易于理解，丰富多彩、风趣幽默的画面很容易抓住幼儿的

眼球，让他们爱上绘本。因此，绘本不仅为开展传统文化主题活动提供了有效的帮助，还使幼儿从绘本中"吸收"所蕴含的生命讯息，成为生命教育的"基石"，从而提升幼儿的自我保护能力。《指南》中指出"结合幼儿实际对幼儿进行安全教育；教给幼儿简单的自救和求救的方法"，把主题和生命教育相结合，有计划、有针对性地开展一系列的活动，能更好地让幼儿通过对这一主题的探究和学习，增进对传统文化的亲切感，使幼儿获得与该主题相关的自我保护经验。

（一）根据幼儿需要，开展传统文化主题活动，渗透安全常识

《纲要》中指出：4～5岁的幼儿"自我保护意识和能力逐渐增强"，但"动作的准确性和自控能力还较差"。因此，幼儿在户外活动中容易发生危险；在交往过程中经常出现一些小的摩擦，有时还会"动起手来"；有时对突发事件不能做出准确的判断，处于危险之中，缺乏自我保护的意识和能力。由此可以看出，幼儿有获得生命教育的需要。

举例：绘本《进城》。

《进城》这本绘本里面的图案是剪纸风格的，有点像陕西皮影戏，充满了浓郁的中国风。幼儿被绘本里的黑白画面所吸引，从而对剪纸产生了兴趣，也对绘本中父子两个人顶着驴走的情节感到非常可笑。在对剪纸的探究和学习中，幼儿了解了一些工具的正确使用方法，如剪刀、小刀、筷子、铅笔等尖锐物品。我们针对"顶驴"开展了一次讨论活动。在活动中，幼儿提出："在马路上，我们不能做出像小虎和老爹这种不安全的行为。"因此，我们展开了"马路上的安全"等系列活动，通过活动幼儿知道了不能在河边和马路上玩耍、要遵守交通规则等安全常识。

图 10-2

（二）在主题活动中为幼儿营造一个自我探究生命奥秘的环境

《纲要》明确指出："为幼儿的探究活动创造宽松的环境"，"要尽量创造条件让幼儿实际参加探究活动。"因此，重视幼儿的探究性学习活动也是主题活动中的重点。创设有利于幼儿自主探究的物质环境、提供丰富的材料是孩子们自由操作、持续探究的重要保证，更符合中班幼儿的需要和年龄特点。在主题活动中，幼儿通过自发参与、自主学习，积累了许多有意义的经验。

举例：绘本《花木兰》——有意思的武功。

《花木兰》是一个传统民间故事绘本，孩子们很喜欢，尤其是花木兰练剑的页面，有的孩子还会模仿她的动作。在小班时，孩子们就对哥哥、姐姐们的"武术操"很感兴趣。于是，教师根据孩子们的兴趣点和好动的年龄特点开展了本次主题活动。教师投放了多种体育器材，在玩的过程中，让幼儿自己探索玩法，培养幼儿发现危险的能力，学会躲避危险的方法。例如：在走梅花桩时，幼儿边走边摆出武术姿势，在摆姿势的过程中，幼儿的平衡能力和协调能力得到了锻炼。

通过主题活动，幼儿还知道了武术不是打架用的，争吵和打架解决不了问题。武术的主要作用是强身健体，不能运用武术欺负他人，要乐于助人。

图 10-3

（三）主题游戏中注重幼儿对生命的体验和感受

幼儿发展最有效的途径是体验。因为只有亲身体验，才能获得相关经验。在主题活动中，教师更要发挥幼儿自我发展的能动作用，关注幼儿活动过程中经验的获得。

举例：绘本《谁偷了包子》。

该绘本的内容渗透着一些社会规则。通过绘本画面，幼儿直观地看到小镇居民排队买包子，反映出人们具有文明、有序的良好社会规范意识，为幼儿遵守公共秩序树立了榜样。绘本中还渗透了关于盗窃与交友的内容，盗窃的行为是不被允许、不被认可的。通过小黑猫偷包子的行为引发幼儿认识到盗窃行为是一种错误的行为。但当姐姐捉到偷包子的小偷并发现是一只瘦巴巴的小黑猫后，她的同情心瞬间被激发，化敌为友，与小黑猫成了好朋友，这一情节又传递出宽容、友善的积极情感。在主题活动中，教师利用游戏实践和戏剧表演再现情节的方式，引导幼儿参与到活动中来，通过讨论、操作和游戏的方法，让幼儿了解一些防盗方面的安全知识，培养幼儿的观察力、想象力和分析能力，同时培养幼儿初步的安全防范意识。主题活动中，化敌为友的部分给了幼儿很多人际交往的启示。通过讨论、谈话、游戏等形式，开展班级的交朋友活动，使幼儿学会倾听同伴的想法，获得交往的方法并体验交往的乐趣，减少了幼儿在交往中出现的安全问题和各种冲突。

（撰写：北京市大兴区第九幼儿园　薄　音）

四、利用民间游戏开展幼儿生命自我认知教育的研究

近年来，随着人们生活水平的提高，幼儿的物质及精神需求得到了极大的满足，使幼儿抗挫能力减弱、不能正确处理自己的负面情绪、不能用正确的方式对待身边的人和事、社会适应能力差等，会影响其一生的学习、工作与生活。出现此类情况的大部分原因是幼儿自我认知意识欠缺、家长不能正确引导、教师这方面的专业能力欠缺导致的。因此，幼儿园尝试借助幼儿喜爱的民间游戏形式，在幼儿生命教育方面开展一系列活动，促进幼儿心理健康与社会适应、运动与健康及安全教育等方面的发展。

（一）实施生命教育的研究初探

1. 通过发放调查问卷了解幼儿、家长、教师对民间游戏及生命自我认知方面的认识和经验。

通过发放电子调查问卷，了解幼儿园教师、家长对民间游戏的原有经验、现有认知及对生命自我认知教育的认识等，同时也对幼儿进行民间游戏的认知经验和兴趣进行了调查与分析。比如，在研究中我们发现，教师和家长对民间游戏都具有一定的经验和兴趣，但是对"生命教育"并不了解，部分教师没有通过民间游戏能进行生命教育渗透的认知，对生命教育的理解仅限于"生命"本身的表层理解等。这为后续研究方法和途径做了很好的铺垫。

2. 有效利用家长资源，家园共同收集民间游戏。

有效利用家长资源是我们工作中经常会涉及的方法，但一般仅限于与幼儿家长的互动，而传统民间游戏是经典的传承，也是老一辈人儿时的回忆。对此，我们向幼儿的祖辈发出了共同收集民间游戏的倡议，利用园所公众号提出了家长助教的要求，引导家长与幼儿共同寻找与体验有趣的民间游戏。家长们

积极录制民间游戏视频，给予了我们非常好的回应。接下来，教师进行了初步的分类与整理，并尝试进行与一日生活相结合的生命教育研究。

3. 理解生命教育的含义，并进行初步分析。

遵循幼儿的年龄特点及发展规律，采用适当的方法实现"认知生命""欣赏生命""尊重生命""爱惜生命"的目标，引导幼儿"学会求知""学会做事""学会学习""学会共处"，最终初步分析出民间游戏对幼儿生命自我认知的价值。

（二）实施生命教育的措施与创新

1. 收集、分析、整理已有游戏资源，形成《民间游戏收集统计表》。

家园合作，广泛征集民间游戏，对民间游戏进行分类，分析每个游戏的生命教育价值，结合幼儿特点及园内环境创新玩法，制作《民间游戏收集统计表》，为课题的后续实施做好铺垫。

2. 制订了传统文化背景下幼儿游戏与自我认知量化目标。

针对幼儿园大部分教师对生命教育的理解过多停留在安全等表层认知的现状，课题组教师通过共同学习与讨论研究，制订了传统文化背景下幼儿游戏与自我认知量化目标，为研究计划中教师观察幼儿游戏、促进幼儿在游戏中对传统文化和生命教育的表达、创造与认知这方面的研究内容做准备。

3. 积累了利用民间游戏开展幼儿生命自我认知教育的实践案例。

幼儿园教师结合幼小衔接活动、传统节日活动、二十四节气活动、种植活动等多种活动，不仅探索开展民间游戏内容，更重要的是与"生命自我认知教育"建立联系，充分挖掘游戏价值，落实教育目标。如幼小衔接游戏"绕口令""猜谜语"等，传统节日游戏"包饺子""做灯笼"等，节气游戏"竖蛋""冻冰花"等，在游戏中引导幼儿感受传统文化，并尝试进行生命自我认知教育。

4. 拓展生命自我认知教育的其他实践。

幼儿园尝试开展了很多探索实践活动，如，在学期初进行的"开园典礼"上，幼儿园以"释菜礼"为活动设计雏形，在摸

图 10-4

摸苹果"平安健康"、摸摸大葱"聪明伶俐"、摸摸橘子"大吉大利"、敲敲大鼓"身体棒棒"的游戏中，感受快乐，了解传统文化，探索生命教育的方向与方法。再如，幼儿园尝试为幼儿户外集体操配上原创儿歌，在欢快的运动游戏中，让传统文化教育潜移默化地影响着幼儿。

（三）实施生命教育的思考及改进

1. 教师对于生命自我认知教育的概念依然不深刻。

实施过程中，由于教师对生命自我认知概念了解得不够深入，使教师在组织民间游戏时不能准确地捕捉到幼儿的自我认知行为。

2. 民间游戏对接生命自我认知的指标要素不清晰。

由于教师对生命自我认知概念的不了解，使得教师在组织民间游戏活动中不能客观地提取幼儿生命自我认知的指标要素。

3. 调整改进及思考。

（1）通过培训、为教师提供关于生命教育和自我认知方面的书籍等方式，促使教师不断学习相关内容，积累理论基础，从而对接实践研究。

（2）进一步丰富民间游戏案例，并对接幼儿生命自我认知要素。

在前一阶段的研究中，我们共同收集了很多民间游戏，包括体育游戏、表演游戏、语言游戏等，这些游戏可以直接运用于幼儿园室内、室外的游戏活动中，且深受幼儿喜爱。接下来的研究中，课题组会继续利用多方资源进行收集，不断丰富与完善《民间游戏案例集》的内容。同时，计划在游戏过程中积极改编和创编游戏玩法，使游戏更具有挑战性与刺激性，通过对幼儿游戏状态的细致观察，对接已有幼儿生命自我认知要素，形成更加深入、细致的指标要素，使教师能够以民间游戏为媒介，对幼儿实施生命自我认知教育。

（3）为深化游戏提供支持，落实幼儿生命自我认知教育。

教师对幼儿游戏的支持应该是在研究幼儿需求行为的基础上产生的，而幼儿对于传统文化与生命自我认知的感知，更是依赖于教师的推动才能不断深化。为此，我们计划运用观察的方式，依托"传统文化背景下幼儿游戏与自我认知量化目标"，记录幼儿在游戏过程中的言行、表现，及时判断、捕捉幼儿的游戏需求，并提供积极的支持，促进幼儿在游戏活动中对传统文化和生命教育的表达、创造与认知。同时，形成"实践——反思——再实践"的循环研究，不断调整量化目标与实施策略。

（撰写：北京市大兴区第九幼儿园　关海燕）

五、探索节气与生命之间的秘密
——小班节气活动的开展

近年来，幼儿园大力倡导生命教育的目的在于引导幼儿通过多种形式感知与体验，从而认识到生命的可贵，能够学会珍爱生命、尊重生命、爱护自然，让生命的成长与发展有更多的可能。《纲要》中科学领域的目标要求幼儿："爱护动、植物，关心周围环境，亲近大自然，珍惜自然资源，有初步的环保意识。"因此，我们将生命教育和二十四节气联系起来，引导幼儿感受大自然的美、发现生长的规律、感知生命的珍贵。

二十四节气体现了中国传统文化的博大精深和丰富内涵。当我们深入探索、研究时，会发现其中蕴含着生命的智慧。如何引导小班幼儿感知节气？结合小班幼儿的年龄特点，通过看、听、摸、闻等形式引导幼儿直接感知、实际操作和亲身体验，将节气与生命之间的联系、与生活的息息相关用简单易懂的方式展现出来。我们通过寻找春天，引导幼儿发现幼儿园里植物的生长变化。在一次次的寻找中，孩子们和玉兰树的故事也就此展开。

（一）"惊蛰"与玉兰树之间的"秘密"

在惊蛰这一天，我和孩子们去幼儿园的户外探寻植物的生长变化。孩子们发现门前的六棵玉兰树上都长出了许多椭圆形的东西，针对它是花苞还是树叶，孩子们展开了激烈的讨论。通过观察，他们发现它的外观是绿色的，表面有一层细毛，捏一捏硬硬的、摸起来毛茸茸的。它到底是什么呢？带着这个疑问，我们回到班里。回来之后，孩子们依然特别兴奋，围着我们捡回来的小树枝观察着。由此，我和孩子们决定把玉兰树"搬"到班里的主题墙上，制作了我们班的玉兰树。

我和孩子们经常去观察玉兰树，过了五六天，孩子们发现玉兰树有了新的变化，它椭圆形的、毛茸茸的外壳裂开了，露出了嫩绿色的、毛茸茸的小尖。这次，大部分孩子觉得它一定是花苞。孩子们还感叹原来玉兰花也怕冷，给自己穿上了一件"厚毛衣"。

（二）"春分"与玉兰树之间的"秘密"

伴着《春天在哪里》的歌声，我和孩子们了解了春分这一节气。活动后，孩子们决定去幼儿园里寻找春天的新变化。在温暖的阳光下，孩子们发现幼儿园里的小草冒出了绿芽、丁香树长出了小叶子，还觉得天气比之前暖和了。最惊喜的发现则是玉兰树的变化，孩子们发现玉兰树上我们认为是花苞的小东西又裂开了，并且从里边钻出了真正的玉兰花苞，有的树上是白色的、有的树上是紫色的。孩子们感叹玉兰花原来还穿了一件"小秋衣"来保暖。活动中，我有意识地引导幼儿观察玉兰花的变化，并通过观察感知大自然的"智慧"，同时引导孩子们感知冷暖，能根据天气冷暖变化及时增减衣物。

（三）"清明"与玉兰树之间的"秘密"

随着清明的到来，幼儿园里春意尽显，嫩绿的小草和树叶在风中舒展着、淡紫色的丁香花散发出阵阵香气。在这生机盎然的日子里，我和孩子们一起诵读了古诗《清明》，结合视频和图片，了解了古诗中的故事。同时，孩子们也了解到这个时节经常会下雨，并且知道清明的时候需要给亲人扫墓，表达对亲人的思念。班里有几个小朋友在了解这首诗的意思后纷纷红了眼眶。

为了缓解孩子们的悲伤情绪，我们决定去外面看看玉兰花。盛开的玉兰花非常漂亮，有的在盛开后已经开始凋谢，花瓣散落了一地。借着这个机会，我和孩子们一起观察玉兰花的外形特征，并捡起地上的花瓣摸一摸、闻一闻，孩子们发现玉兰花的花瓣比想象中的还要厚，并且凑近了闻，会有一股淡淡的香味。

回到班里，我们开始尝试用超轻黏土捏出玉兰花，把它们装饰在主题墙的大树上；通过撕纸粘贴的方式制作出玉兰花，展示在橱窗里。

图 10-5

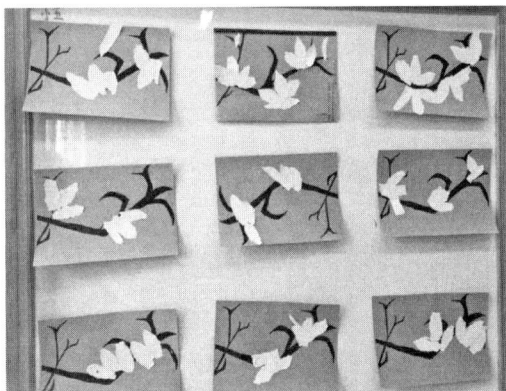

图 10-6

开展节气活动的同时，我有意识地将它和生命教育联系起来，在了解节气特点的同时，引导孩子们感受生命生长的喜悦，通过发现玉兰树长出东西——穿了两件"衣服"——长出花苞——玉兰花盛开——玉兰花凋谢——长满树叶这样一个生长的过程，引发幼儿对大自然的喜爱与探究欲望，由爱生出珍惜与尊重。在开展活动的过程中，我结合节气特点还穿插介绍了一些其他的知识，旨在引发幼儿思考，如通过惊蛰、春分发现万物在生长，通过清明引发幼儿对"死亡"的思考，在感知、体会的过程中，引导幼儿感受生命的价值，学会尊重生命、理解生命的意义，为幼儿树立正确的人生观、价值观奠定基础。

（撰写：北京市大兴区第九幼儿园　刘　钰）

（本章由关海燕、刘千千、徐曼、刘钰、薄音著）